Die Erklärungen der Symbole am Seitenrand finden Sie auf der hinteren Innenklappe dieses Buchs.

»Es ist schon alles gesagt,
nur noch nicht von allen.«
(Karl Valentin)

Worum es geht

In München gibt es das Hofbräuhaus, den Viktualienmarkt, die Frauenkirche – und eine erste Adresse für Geschichten. Dabei handelt es sich um einen kleinen Laden rechts der Isar mit einem großen Schaufenster zur Straße hin. Es ist eine gewöhnliche Straße, mit schlichten Wohnhäusern, einem alten Kiosk, einem Café am Eck, einer Schreinerei und einem Fahrradhändler nebenan. Umso ungewöhnlicher wirkt der Laden mit dem schnörkellosen Schild »Geschichtenpraxis« im Fenster. Was erwartet einen dort? Wer neugierig ist, bleibt stehen und wirft einen Blick hinein ... Um es Ihnen gleich zu verraten: Ein aufmerksamer Blick lohnt sich, denn all das, was im Laden zu sehen ist, spielt später im Buch eine Rolle.

Raum für Geschichten

Zwischen bunten Büchern thront auf der Fensterbank ein Frosch auf einer goldenen Kugel. Dahinter auf dem Boden ein »fliegender Teppich« mit roten Kissen und einem runden Tisch mit Stühlen. Rechts und links an der Wand Bücherregale voller Märchen, Mythen und anderer Geschichten. In der Mitte des Raumes ein

Schreibtisch, darauf Telefon, Laptop, Wörterbuch und ein dickes Knäuel mit rotem Faden. Ein Barhocker steht im Eck, daneben ein Akkordeon. Wer den Blick weiter schweifen lässt, entdeckt ein Flipchart, ein altes Spinnrad, eine Handpuppe in Form einer Schnecke, eine kleine Musikanlage und eine Minibar mit Kaffee und Tee. Links auf dem Tresen eine Box mit »Hosentaschengeschichten«, daneben ein gefülltes Bonbonglas voller »Phantasiedrops« und zwei hölzerne Würfel, auf denen ein Hund und ein Kühlschrank zu sehen sind …

Was ist das für ein Ort? Der kreative Arbeitsplatz einer Erzählerin. Mein Arbeitsplatz. Mitten in der Stadt ein eigener Raum für Geschichten.

Lebendige Kommunikation

Liebe Leserin, lieber Leser, ich will Ihnen keine Märchen erzählen – und doch werden Sie in diesem Buch ein paar davon finden. Die Anleitung zur lebendigen und bewussten Kommunikation, die Sie in Händen halten, nähert sich ihrem Thema auf ungewohnte Weise. Kommunikation ist ein weites Feld. Viel wird darüber gesprochen und geschrieben. Als ich dieses Buchprojekt in Angriff nahm, fragte ich mich: Was kann eine professionelle Geschichtenerzählerin aus ihrem Blickwinkel Konstruktives dazu sagen? Der Weg führte mich zu den Wurzeln. Die Basis jedes guten Gesprächs besteht aus zwei wesentlichen Qualitäten: Erzählen und Zuhören. Zwei Seiten einer Medaille, die untrennbar miteinander verbunden sind. Wer erzählen will, muss zuhören können. Und wer zuhören will, braucht Sinn für gute Geschichten. Eine bewusst gestaltete Erzählkultur ist eine wichtige Grundlage, damit Kommunikation im Alltag gelingt.

In Gesprächen geht es nicht nur darum, Informationen auszutauschen, Fakten zu analysieren und Sachverhalte zu erklären, sondern vor allem um Kontakt, Austausch und Nähe zwischen Menschen. Erzählen ist unmittelbar. Ohne zwischengeschaltete Medien. Direkt von Mund zu Ohr. Erzählen und Zuhören ist – wie auch die Begegnung im Tanz, in der Musik oder im Sex – der Herzschlag menschlichen Zusammenseins.

Jedes Leben ist voller einzigartiger Geschichten. Sich diese bewusst zu machen, ihnen einen persönlichen Ausdruck zu verleihen und sie mit anderen Menschen zu teilen, ist nicht nur interessant und unterhaltsam, sondern kann auch heilsam und sinnstiftend sein. Dieser »Ratgeber« möchte auf spielerischem Weg Freude am gesprochenen Wort und an einem phantasievollen kommunikativen Miteinander vermitteln. Die Ideen und Impulse, die Sie hier finden, lassen sich alle unkompliziert und individuell im Alltag umsetzen. Sie stammen aus meiner Praxis als Erzählerin, Lektorin, Sprachpädagogin und Leiterin von Erzählwerkstätten.

Dieses Buch will Lust machen auf Geschichten und gute Gespräche. Es will die Phantasie wecken und ermutigen, den Geschichtenschatz in sich und um sich herum zu entdecken. Es möchte anregen, sich selbst im Erzählen zu erleben, mit Worten zu spielen, der Kraft der inneren Bilder zu vertrauen, einen roten Faden zu finden und ihm zu folgen, beim Reden nicht nur zu informieren, sondern auch zu unterhalten, und – nicht zuletzt – anderen Menschen aufmerksam zuzuhören.

Das Buch beginnt mit einer Geschichte.

Wie wir miteinander kommunizieren

»Und selbst wenn eines Tages nicht mehr geschrieben
oder gedruckt werden wird, wird es Erzähler geben,
die uns von Mund zu Ohr beatmen,
indem sie die alten Geschichten zu neuen Fäden spinnen.«

(Günter Grass)

Wie wir miteinander kommunizieren

Von Hühnern und Truthähnen
Eine Geschichte vom Erzählen und Zuhören

Einmal, so erzählt man sich, ging Nasreddin Hodscha auf den Marktplatz seines Dorfes, um einzukaufen. Da bemerkte er eine große Menschenmenge, die sich um den Marktstand eines reichen Kaufmanns versammelt hatte. Neugierig kam Nasreddin näher und sah, wie der Kaufmann ein zerrupftes Huhn in einem rostigen Käfig in die Höhe hielt und rief: »Huhn – 100 Goldstücke! Dieses Huhn für 100 Goldstücke!« – »Das ist ein stattlicher Preis für ein Huhn«, sagte der Hodscha zum Kaufmann. »Was kann denn dein Huhn?« – »Mein Huhn kann sprechen«, antwortete der Kaufmann.*

Da lief Nasreddin geschwind zurück nach Hause, schnappte sich seinen alten Truthahn und kehrte damit auf den Marktplatz zurück. Dort stellte er sich wenige Meter neben den Stand des reichen Kaufmanns, hielt den Truthahn in die Höhe und rief: »Truthahn – 200 Goldstücke! Truthahn für 200 Goldstücke!« Die Menschen, die gerade noch beim Kaufmann gestanden hatten, liefen sogleich zum Hodscha hinüber. Auch der Kaufmann wurde neugierig. »Aber Nasreddin!«, sagte er. »Du verkaufst

* Nasreddin Hodscha ist im Abendland als »türkischer Till Eulenspiegel« bekannt geworden. Man erzählt sich viele Geschichten über ihn, die meist Narrheit und Weisheit in sich vereinen. In den Kulturen des Orients ist das mündliche Erzählen heute noch ein weitgehend fester Bestandteil des alltäglichen Lebens. Auf den Marktplätzen gibt es eigene Plätze für Geschichtenerzähler, und die Menschen sind es gewohnt, dort Zeit zu verbringen und zuzuhören. Marktplätze sind traditionell Orte lebendiger Kommunikation.

einen alten Truthahn für 200 Goldstücke!? Was kann denn dein Truthahn?« Da erwiderte der Hodscha: »Mein Truthahn kann zuhören.«

Wenn Gespräche nicht satt machen

Erzählen und Zuhören – so einfach und doch so kompliziert. Wie viel kann schiefgehen beim schlichten Wechsel von Worten. Neulich erzählte mir eine Freundin von ihrem Erleben bei einer Geburtstagsfeier. Sie saß drei Stunden lang beim Festessen neben einer Person, die nicht mehr als eine Handvoll Worte mit ihr sprach. Diese Person reagierte auf keine Frage mit wirklichem Interesse und antwortete einsilbig und ohne Engagement. Gegenüber am Tisch aber saß ein Mensch vom Typ selbstsicherer Alleinunterhalter. Drei Stunden lang hielt er ununterbrochen Monologe, ließ niemanden zu Wort kommen und sprach nur von sich selbst. Völlig erschöpft kehrte meine Freundin am Abend nach Hause zurück und war zwar satt vom Essen, aber hungrig nach zwischenmenschlichem Austausch.

Wenn Kommunikation misslingt, laufen Gespräche ins Leere. Sätze erreichen niemanden, sondern fallen neben den Ohren der Zuhörer einfach zu Boden. Informationsberge verstellen den Blick auf das Eigentliche. Behauptungen erschlagen das Gegenüber. Worte wandern von hier nach dort und bleiben doch ungehört. Wesentliches liegt unausgesprochen in der Luft. Am Ende hat man ermüdete Redner und enttäuschte Zuhörer, die einander nicht verstanden haben. Folgender Wortwechsel zwischen zwei Frauen kam mir neulich nach einem zweistündigen Vortrag zu Ohren. Der Minidialog bringt die misslungene Kommunikationssituation unfreiwillig komisch auf den Punkt:

»Worüber hat der Redner eigentlich gesprochen?«
»Das hat er nicht gesagt.«

Wir alle kennen Situationen, in denen Kommunikation scheitert. Da treffen, wie im Fall meiner Freundin, Vielredner auf Schweigsame, Dauerplauderer auf Wortkarge, Alleinunterhalter auf Smalltalkkünstler oder Phrasendrescher auf Besserwisser. Da werden bei einem Geschäftsessen viele Worte verloren und nichts dabei gewonnen. Da sitzen in einer Talkrunde politisch engagierte Menschen zusammen, und keiner antwortet auf die Fragen der Moderatorin oder des Moderators. Alle reden gezielt daran vorbei und äußern vorgefertigte Sätze, die sie sich lange im Voraus zurechtgelegt haben. Da sitzt eine Familie beim

Abendessen zusammen, und jeder spricht von etwas anderem, oder alle schweigen, und keiner weiß, was er eigentlich sagen soll. Es kommt kein wirkliches Gespräch zustande. Hungrig nach Nähe, echtem Kontakt und vergnüglichem Miteinander bleibt jeder allein zurück. Je komplexer die Möglichkeiten, sich auszutauschen, je vielfältiger die Situationen, je umfassender die Themen, je größer die Menge an Informationen, je knapper die Zeit, desto schwieriger scheint es zu sein, Missverständnisse in der Kommunikation zu vermeiden und einander mit Worten wirklich zu begegnen.

Wie aber kann Erzählen und Zuhören im Alltag gelingen, sodass es nicht ermüdet und erschöpft, sondern bereichert und stärkt? Was braucht unsere Kommunikation, um nicht sinnlos und überflüssig zu werden, sondern Grundlage zu sein für echte Begegnungen und kreative Antworten auf die vielseitigen Fragen des Lebens?

Informationskultur – Erzählkultur

Es ist ein Grundbedürfnis des Menschen, sich mitzuteilen. Von jeher haben Menschen sprechend, tanzend, malend, musizierend oder singend das in die Welt getragen, was ihnen wichtig und mitteilenswert erschien. Sie verständigten sich über Bilder wie beispielsweise Höhlenzeichnungen, über rhythmische Klänge wie z. B. Buschtrommeln und über das gesprochene Wort. Erzählen ist sinnlich: Das Ohr lauscht, der Atem strömt, das Auge beobachtet, die Hände malen Zeichen in die Luft, das Gesicht schneidet Grimassen, der ganze Körper ist in Bewegung. Ein Zuhörer nimmt einen Erzähler auf verschiedenen Sinnesebenen wahr, und in seinem Kopf entsteht dabei eine Reihe innerer Bilder. Jeder Zuhörer macht sich seine eigene Vorstellung von dem, was er hört. Dieselben Worte rufen bei verschiedenen Menschen ganz unterschiedliche Assoziationen hervor. Eine Karikatur bringt dies auf witzige Weise zum Ausdruck: Auf dem Bild sieht man einen Mann und eine Frau, die sich auf der Straße unterhalten. Der Mann sagt: »Gestern kam mir ein Bärtiger entgegen!« Über seinem Kopf schwebt dabei eine Denkblase, in der ein Mann mit langem Rauschebart zu sehen ist. Seine Begleiterin, die ihm aufmerksam zuhört, hat ebenfalls eine Denkblase über ihrem Kopf. In dieser ist ein seltsames Tier abgebildet: Es hat einen Bärenkopf und einen Tigerkörper – ein Bär-Tiger.

Durch das Mitteilen – das miteinander Teilen – gerade auch von unterschiedlichen Vorstellungsbildern, entstehen Kontakt, Nähe, Verbindung und Vertrautheit. Im mündlichen Erzählen ist das Wort dabei fest mit dem Atemfluss und der Stimme verbunden. Gesprochene Sprache ist körperlich, während Schriftsprache und die Möglichkeiten der »Fernmündlichkeit« die Worte vom Körper trennen. Zwischen Sender und Empfänger entsteht eine räumliche Distanz. Kontakte rund um die Welt sind heute eine Selbstverständlichkeit. In Sekundenschnelle flitzt eine E-Mail von Japan nach New York. Über das Handy sind die meisten Menschen jederzeit erreichbar, egal ob sie im Zug sitzen, auf einem Berggipfel stehen – falls sie dort Empfang haben – oder in der Badewanne liegen. Aber wer äußerlich erreichbar ist, ist deswegen nicht automatisch innerlich präsent. Die äußere Distanz führt nicht selten auch zu einer inneren Entfernung. Das Auge sieht oder das Ohr hört zwar die Informationen, aber das menschliche Gegenüber und die Wahrnehmung der Körpersprache – der Mimik, Gestik und Bewegung – fehlen.

Ein Freund aus England erzählte mir neulich, dass er einmal zu seinem Sohn sagte: »Come on, let's chat this evening.« Sein Sohn begab sich daraufhin am Abend an den Computer, um mit seinem Vater zu chatten, was wörtlich übersetzt ja eigentlich »plaudern« bedeutet. Dieser jedoch saß im Wohnzimmer, in Erwartung einer gemütlichen Unterhaltung. Zwei Wege der Kommunikation mit unterschiedlichen Qualitäten und Möglichkeiten. Der eine Weg direkt und unmittelbar, der andere indirekt, durch den Computer vermittelt. Die eine Gesprächssituation ist nicht automatisch »besser« als die andere, denn für beide Wege der Kommunikation ist eine grundlegende Erzählkompetenz erforderlich, damit die Begegnung gelingt. Erzählkompetenz umfasst ein Gefühl für das Wesentliche in einem Gespräch, für Qualität und Relevanz des Gesagten. Zu ihr gehören aber auch die Auswahl geeigneter Erzählstoffe, eine bildhafte Sprache, ein lebendiger Ausdruck, ein Gefühl für Rhythmus und Struktur und nicht zuletzt bewusste Aufmerksamkeit für den oder die Zuhörer. Erzählkompetenz kann man lernen. Am besten durch positive Vorbilder und Erfahrung.

Jeder weiß, wie langweilig eine Unterhaltung ist, wenn keiner etwas Rechtes zu sagen hat. Man kann sich hoffnungslos in den Kommunikationsforen des Internets verlieren, wenn man nicht im Inneren weiß, was man wirklich mitteilen möchte, was man von anderen wissen will und worin der Kern einer Unterhaltung besteht. Gerade im grenzenlosen Möglichkeitsfeld des World Wide Web ist das Auswählen, Ordnen, Strukturieren und Verknüpfen einzelner Informationen zu einem stimmigen Ganzen – vor allem auch im Kontakt mit anderen Webnutzern – entscheidend. Bei einer derartigen Quantität an Fakten bedarf es eines ausgeprägten Bewusstseins für Qualität. Dieses Bewusstsein muss geschult werden: Was ist denn überhaupt ein »guter« Text oder eine »gute« Geschichte? Welche Informationen sind wesentlich und für einen Zuhörer interessant? Was ist erzählenswert? Woran erkenne ich überflüssiges Gerede, mit dem die Aufnahmefähigkeit eines Partners überfordert wird? Oft ist weniger mehr. In dieser Hinsicht lässt sich manches von traditionellen Geschichten und von den alten Meistern der Erzählkunst lernen. Qualitätsbewusstsein entsteht, indem man Qualität erlebt. Es geht bei der Frage nach einer lebendigeren Kommunikation weniger um eine Entscheidung zwischen alten und neuen Formen der Gesprächsführung, sondern vielmehr um ein Sowohl-als-auch von Tradition und Gegenwart auf der Basis erzählerischer Kompetenz.

Das Wort »Kommunikation« kommt vom lateinischen *communicare,* was etwas gemeinschaftlich tun, miteinander teilen bedeutet. Die soziale Komponente des gemeinschaftlichen Tuns und des Teilens kommt uns heute immer mehr abhanden. Kommunikation ist technisch geworden. Kommunikationsmöglichkeiten wie Telefon, Fax, Handy, E-Mail, iPhone, SMS, Computer und dergleichen mehr bestimmen unseren Alltag. Vieles davon ist nützlich, um Informationen um die Welt fließen zu lassen und um sich über nahe und weite Distanzen miteinander zu verständigen. Für eine natürliche Erzählkultur sind diese sehr schnelllebigen Medien und Möglichkeiten eher hinderlich.

Für eine mit Leben gefüllte, unmittelbare, menschliche Kommunikation bedarf es eines anderen »Wissens« und eines anderen »Erkenntniswegs«. Die Motivation für überzeugendes Erzählen liegt mehr im Innen als im Außen. Sie liegt nicht in einer Ansammlung von Fakten, sondern darin, die eigene Begeisterung für etwas zu spüren und ihr Ausdruck zu verleihen. Ein Erzähler lädt seine Zuhörer in seine Welt ein, er teilt Erlebnisse und Erfahrungen mit, in dem Wissen, dass dies für andere eine Bereicherung sein kann. Wer erzählt, erklärt nicht. Wer erzählt, schenkt innere Bilder und Erfahrungen. Wer erzählt, kann andere mitreißen und inspirieren. Wer erzählt, schafft einen Raum, in dem eine Geschichte für sich selbst spricht. Wer erzählt, ist mit seinen Zuhörern in Kontakt und hört ihnen – auch während er selbst spricht – aufmerksam zu, damit das Gespräch zu einem gemeinschaftlichen Ereignis werden kann.

Worte sind leiblich

Jeder Mensch hat seine Geschichte und seinen persönlichen Erfahrungsschatz. Dazu gehört das, was er selbst erlebt hat, aber auch das, was er von anderen gehört oder irgendwo aufgelesen hat. Dabei sammelt er unzählige Bilder und Geschichten, die er in seiner inneren Schatzkammer aufbewahrt. Es gibt so viele Perspektiven auf das Leben, wie es Menschen gibt. Darum ist es bereichernd, ja im Grunde unverzichtbar, einander davon zu erzählen. Doch was wählen wir aus, um es anderen zu sagen? Was ist für uns der Rede wert? Wofür holen wir Luft? Was wollen wir wirklich ausdrücken? Und wie sagen wir es? Wie kann Kommunikation im Alltag so spannend und aufregend werden, dass die Menschen Handys, Fernseher und Computer für eine Weile ausschalten und stattdessen lieber einem Erzähler oder einer Erzählerin lauschen? Jeder spricht auf seine eigene, unverwechselbare Weise. Es gibt dabei kein richtig oder falsch. Wenn hundert Menschen dasselbe Erlebnis schildern, erhält man hundert Varianten eines Themas. Wenn hundert Erzählerinnen oder Erzähler vom *Froschkönig* erzählen, hört man hundert verschiedene Spielarten dieses Märchens. Jedes Leben birgt einen unermesslichen Schatz an Erzählstoff, und jeder Mensch präsentiert ihn auf seine Weise.

Wenn Sie die Nachrichten sehen oder im Internet nach einem Begriff googeln, spüren Sie es am eigenen Leibe: Bei so viel Information kommt das Erleben des Gehörten und Gelesenen nicht mehr hinterher. Worte müssen verdaut werden wie Essen. Sie brauchen Zeit, um einverleibt zu werden, damit sie uns nähren. Worte wirken über die reine Information hinaus. Worte sind leiblich. Vom Atem in die Welt getragen und von fremden Ohren aufgenommen, bringen sie etwas in uns und um uns herum in Schwingung. Manche Worte zergehen dabei wie Konfekt auf der Zunge, andere bleiben einem im Hals stecken oder sind schwer verdaulich. Manche Worte sind hart oder sperrig, andere bunt und voller Phantasie. Man kann Worte ungesagt hinunterschlucken oder sie verächtlich ausspucken, man kann sie hinausschreien oder jemandem liebevoll ins Ohr flüstern. Worte sind im Körper verwurzelt, bevor sie ausgesprochen werden. Und Worte werden wieder körperlich, wenn sie auf offene Ohren treffen.

Vermutlich gibt es kaum einen Menschen, der sich nicht an mindestens eine Situation in seinem Leben erinnert, in der ihn ein Wort oder ein Satz so tief berührt hat – im positiven oder im negativen Sinn –, dass das dazugehörige Körpergefühl noch nach Jahren spürbar ist. Das kann ein Heiratsantrag gewesen sein oder ein besonderes Wort des Lobes. Vielleicht auch ein strafender Satz der Eltern oder die abwertende Bemerkung eines Lehrers. Oder ein ganz unerwarteter Ausspruch eines Fremden bei einer Begegnung auf der Straße, der, ohne dies zu ahnen, genau ins Schwarze getroffen hat. Solche Worte dringen in jede Zelle, schwingen dort nach und werden immer wieder lebendig, sobald die Erinnerung an das Erlebnis wachgerufen wird. Worte können verletzen und kränken. Worte können aber auch heilen und stärken. Worte haben Schwingung, Kraft und eine körperliche Wirkung.

Der Zauberklang der Worte

Erinnern Sie sich an ein Märchen oder eine Geschichte, die Sie in Ihrer Kindheit gehört oder gelesen haben? Vielleicht hat sich eine so tief eingeprägt, dass Sie sie heute noch wissen? Immer wieder erlebe ich bei Erzählveranstaltungen, wie jemand auf einmal leuchtende Augen bekommt, sobald er eine bestimmte Geschichte hört. »Ach ja, *Der kleine Muck* … Das Märchen hatte ich als Schallplatte und habe es bestimmt tausend Mal gehört. Als Kind konnte ich die ganze Geschichte auswendig.« – »*Der Teufel mit den drei goldenen Haaren!* Das war mein Lieblingsmärchen! Ich wollte es jeden Abend wieder vorgelesen bekommen!« Oft ist es einfach der Zauberklang fremder Worte, der im Gedächtnis bleibt. Beispielsweise das Verwandlungswort, das der Kalif und sein Diener in Wilhelm Hauffs Märchen *Kalif Storch* im entscheidenden Moment vergessen haben. Die beiden brauchen das magische Wort, um sich von ihrer Storchengestalt in Menschen zurückverwandeln zu können. Als Leser oder Hörer des Märchens möchte man den beiden gern helfen und rufen: »Mutabor! Mutabor! Das Wort hieß ›Mu-ta-bor‹!« Was geschieht nun, wenn man sich eine Geschichte einverleibt? Stellen Sie sich eine Erzählsituation wie ein geselliges Essen vor. Man sitzt beisammen, nimmt etwas in sich auf, genießt und tauscht sich hinterher darüber aus. Dem einen war das Geschichtengericht vielleicht zu salzig, für den anderen hatte es zu viel Pfeffer, dem dritten kam es zu süßlich daher, dem nächsten war es zu wenig, dem übernächsten zu viel, und anderen hat es perfekt gemundet. Geschmäcker und Bedürfnisse sind verschieden. Was uns aber neben den persönlichen Vorlieben und Abneigungen miteinander verbindet, ist das gemeinsame Erleben. Die moderne Kommunikation mutet – um im Bild zu bleiben – oft wie Fast Food an: große Mengen, wenig Substanz, einsam, hektisch, schnell. Das Teilen von guten Erzählungen kann man dagegen mit biologischer Vollwertkost vergleichen: natürlich, nahrhaft, nachhaltig, gemeinschaftlich.

Eine Geschichte ist dann gut, wenn sie satt macht!
Ein Gespräch ist dann gut, wenn es mundet!

Das Staunen lernen

Kinder leben uns eine natürliche Kommunikation vor. Sie sind zunächst aufmerksame Zuhörer, lernen dann die Sprache, die sie um sich herum hören, und werden schließlich selbst zu kreativen Erzählern. Bevor der Leistungsdruck beginnt – »Du musst ›gut‹ sprechen!«, »Du musst alles ›richtig‹ machen!«, »Du musst flüssig lesen können und die Rechtschreibung beherrschen!« – reden Kinder, wie ihnen der Schnabel gewachsen ist. Sie sprudeln über vor Ideen. Die Phantasie entfaltet sich ungebremst. Dieser kindliche Anteil im Erwachsenen, dieses innere Kind, ist für eine lebendige Kommunikation unverzichtbar. Wer erwachsen wird, dabei aber sein inneres Kind vergisst oder es bewusst aus der Kommunikation heraushält, wird seine Zuhörer kaum zu begeistern wissen. Er bleibt allzu sachlich und farblos und bringt niemanden zum Staunen. Übertreiben, ausmalen, anschauliche Bilder entstehen lassen – all das macht Gespräche bunt und abwechslungsreich. Dazu eine kleine Geschichte:

Ein Reisender erzählt seinen Freunden nach seiner Heimkehr von den Wundern, die ihn unterwegs zum Staunen brachten. »In einem fernen Hafen«, sagt er, »da habe ich ein Schiff gesehen, das war so groß, dass ein Schiffsjunge, der vom Heck loslief, weiße Haare hatte, wenn er am Bug ankam.« – »Das ist doch nichts Besonderes«, sagt da ein Zuhörer. »In einem Wald, nicht weit von hier, steht ein Baum, der ist so hoch, dass ein Vogel zehn Jahre fliegen muss, um oben anzukommen.« – »Du lügst!«, ruft da der Reisende erbost. »So einen großen Baum gibt es nicht!« – »Ach«, sagt da der andere, »und woraus ist dann der Mast deines Schiffes gemacht?«

Kommunikation wird lebendig, wenn sich der Zuhörer wundert, wenn er empört »Das gibt es doch nicht!« ruft, überrascht auflacht oder vor Schreck den Atem anhält. Bei den traditionellen Geschichtenerzählern, beispielsweise den Griots in Afrika, ist es bis heute üblich, Geschichten mit lauten Zwischenrufen zu beleben. »Aha!«, rufen die Menschen, wenn der Erzähler ihnen eine Neuigkeit mitteilt. »O ja!« oder »O nein!«, rufen die Leute, je nachdem, was der Held der Geschichte gerade erlebt. Sie fiebern mit, sie tauchen ein, sie empfinden das Geschehen mit allen Sinnen. Kommunikation ist dann ein lebendiges Miteinander, eine lustvolle, spielerische Begegnung, kein nüchterner Informationsaustausch.

Von der äußeren zur inneren Quelle

Stellen Sie sich folgende Szene vor: Es ist Samstagnachmittag. In einem kleinen Café versammeln sich etwa fünfundzwanzig Erwachsene. Sie bestellen Kaffee und Kuchen, lehnen sich gemütlich in ihren Stühlen zurück und plaudern über dies und das. Nach einer Weile setzt sich eine Frau mitten unter die Gäste, etwas erhöht auf einen Barhocker, dimmt das Licht, blickt in die Runde – und beginnt mit einer Geschichte. »Es war einmal oder war auch nicht, aber wenn es nicht gewesen wäre, könnte ich euch nicht davon erzählen«, leitet sie das Geschehen ein.

Dann spricht sie von altersschwachen Königen, kraftvollen Heldinnen und Helden, feuerspeienden Drachen, bösen Hexen und listigen Zauberern, sie erzählt von Engel und Teufel, von Himmel und Hölle, von Feuer und Wasser, sie erzählt von einem Pechvogel, dem im Leben alles misslingt, und von einem Glückskind, bei dem sich alles zum Guten wendet, sie erzählt von Schicksalsschlägen und überraschenden Helfern am Wegesrand. Sie erzählt Geschichten fern vom Alltag und doch mitten aus dem Leben. Und es dauert nur wenige Atemzüge, bis die Zuhörer in eine andere Welt versunken sind. Jeder für sich mit einem Film innerer Bilder im Kopf, und alle zusammen, verbunden durch den Raum, in dem die Geschichte lebendig wird.

Eine solche Erzählsituation ist nährend und schön. Menschen treffen zusammen, in einem geschützten Rahmen, ohne zwischengeschaltete Medien. Einer erzählt, die anderen hören zu. Dabei können natürlich die Gesprächsthemen und die Sprecher- und Hörerrollen wechseln. Es geht schlicht und einfach um das Vergnügen, Geschichten, ein Erlebnis oder Erfahrungen miteinander zu teilen. Am Ende nimmt jeder das mit nach Hause, was ihn persönlich berührt hat oder mit seinem Leben in Resonanz geraten ist.

Eine Geschichte ist ein offenes Angebot, das so viele Zugänge bietet, wie Menschen im Raum sind. Ein solches Angebot ohne pädagogischen Zeigefinger mag ungewohnt erscheinen – klare Zielsetzung und Effizienz stehen in unserem täglichen Miteinander an oberer Stelle. Doch in einer Zeit voller Informationen und Erklärungen, in einer Zeit der Orientierung an äußeren Quellen brauchen wir als Gegenbewegung wieder mehr Sinn für gute Geschichten und das Wissen, wie man sie lebendig erzählt – wir brauchen die Orientierung an inneren Quellen. Wir brauchen wieder mehr Unmittelbarkeit zwischen Sprecher und Hörer, sodass Gesagtes direkt ankommen und wirken kann. Dafür sind narrative Vorbilder wichtig, also gute Erzähler, die wissen, was die Qualität einer Geschichte ausmacht und wie man sie gekonnt unter die Leute bringt. Das ist der Kern bewusster Kommunikation. Denn eine Geschichte spricht für sich. Sie muss nicht analysiert werden. Sie entführt ganz schlicht mit Worten und Bildern in eine imaginäre Welt und ist gleichzeitig mitten im Hier und Jetzt verwurzelt. Kindern erzähle man Geschichten zum Einschlafen, Erwachsenen, damit sie aufwachen – so formuliert es der Erzähler Jorge Bucay. Märchen und Geschichten sind nicht von gestern oder »nur« etwas für Kinder. Sie sind ein Schatz, den es immer wieder neu zu heben gilt.

Wenn ich hier von Geschichten spreche, meine ich damit eine ganze Bandbreite an Stoffen. Also nicht nur mündlich oder schriftlich überlieferte Texte wie Märchen oder Mythen, sondern genauso persönliche Erinnerungen, Reiseerlebnisse, Beobachtungen aus dem Alltag, Gehörtes, Aufgelesenes, Erlebtes oder auch frei Erfundenes. All dies und noch viel mehr kann Ausgangspunkt für spannendes Erzählen sein. Es gibt unendlich viele Quellen, aus denen sich ein roter Faden für einen guten Gesprächsstoff entspinnt. Die Kunst ist, mit einem geschulten Sinn für Qualität Erzählenswertem in sich und um sich herum auf die Spur zu kommen und dies beim Wiedergeben so zu formen, dass man Freude daran hat und deshalb auch andere damit begeistern kann.

Erzählen als Selbsterfahrung

Richtig gut erzählen kann nur, wer sich auf sich selbst besinnt. Was habe ich erlebt? Was hat mich berührt oder begeistert? Was macht mich aus? Wofür schlägt mein Herz? Was will ich weitergeben? Ohne eine persönliche Verbindung zu einer Geschichte bleibt diese langweilig und ohne Esprit. Die Aufmerksamkeit muss also zunächst von außen nach innen wandern: hin zu den eigenen Bildern und Gefühlen. Erzählen ist damit immer auch ein Stück Selbsterfahrung. Es geht darum, den Kern einer Geschichte zu finden, Bilder entstehen zu lassen, Resonanz zu spüren, in Kontakt zu kommen mit Figuren, Gegenständen und Landschaften, den Rhythmus der Geschichte zu fühlen und nicht zuletzt die Erzählfreude in sich zu wecken. Ein guter Erzähler kann über (fast) alles sprechen, man hört ihm gern zu. Das Geheimnis besteht in einer doppelten Aufmerksamkeit und Bewusstheit: in einer Verbindung zu sich selbst, zur eigenen Bilder- und Gefühlswelt und in einer Verbindung zum Zuhörer. Nur im lebendigen Wechselspiel zwischen Ich und Du, zwischen Erzähler und Zuhörer entfaltet das Wort seine ganze Kraft.

GESCHICHTENPRAXIS
Erzähler
Zuhörer
Zeit
Froschkönig
Schlüsselwörter

Auf spielerische Weise möchte ich Sie nun mitnehmen auf einen Weg zu lebendiger Kommunikation. Geschichten werden uns begleiten und auf ihre Weise Lehrmeister sein. Werfen Sie zunächst noch einmal einen Blick in das Schaufenster der »Geschichtenpraxis« (siehe S. 25). Dort können Sie wie gesagt einiges entdecken, was Sie auf den folgenden Seiten erwartet. Fühlen Sie sich eingeladen einzutreten und lassen Sie sich überraschen von der Verwandlungskraft des Froschkönigs, der Magie verdrehter Namen, von geheimnisvollen Schlüsseln, Phantasiewürfeln, indianischen Redestäben, fliegenden Teppichen, Wörter-Büchern, einem Hund im Kühlschrank – und nicht zuletzt von vielen roten Fäden, aus denen am Ende jede Leserin und jeder Leser ihr bzw. sein eigenes Netz gelingender Erzählkommunikation weben möge.

Warum Phantasie so wichtig ist

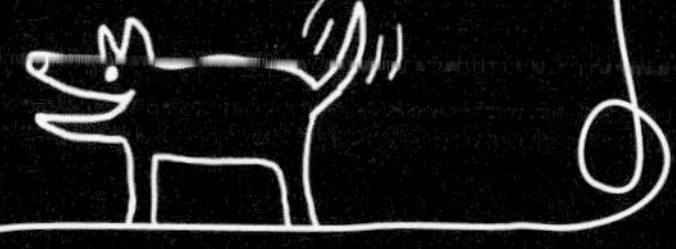

»Phantasie ist wichtiger als Wissen, denn Wissen ist begrenzt.«

(Albert Einstein)

Warum Phantasie so wichtig ist

Die Zunge des Erzählers
Eine Geschichte über die Kraft der Imagination

Es lebte einmal ein König, der hatte ein riesiges Reich. Es erstreckte sich weit nach Nord, Süd, Ost und West. In der Mitte aber stand das Königsschloss. Täglich sandte der König seine Boten in alle Himmelsrichtungen, damit sie ihm die Neuigkeiten aus seinem großen Reich zutragen sollten. Doch das dauerte immer sehr lange – so groß war das Reich –, und der König wurde ungeduldig. Ich will einen Wettbewerb ausrufen, dachte er bei sich, und den schnellsten Boten meines Landes ausfindig machen. Er soll dann in Zukunft mein erster Bote sein. Und so geschah es. Schließlich blieben am Ende drei Boten übrig, die alle behaupteten, dass sie die schnellsten im Reiche seien.

»Ich bin so schnell wie ein Hase!«, rief der erste.
»Ich bin so schnell wie der Wind!«, entgegnete der zweite.
»Und ich bin so schnell wie die Zunge eines Geschichtenerzählers!«, sagte der dritte.

»Wir werden sehen«, antwortete der König. »Folgende Aufgabe sollt ihr erfüllen: Bringt mir von der Erde am Tor des Südens meines Reiches. Wer zuerst wieder hier ist, hat gewonnen. Auf die Plätze, fertig, los!« Da flitzte der erste Bote los, flink wie ein Hase. Und der zweite sauste davon wie der Wind. Der dritte Bote aber blieb vor dem König stehen, verneigte sich tief und sprach: »Eure Majestät, hier ist sie schon, die Erde vom Tor des Südens. Seht nur, sie ist trocken und staubig, denn lange hat es

dort nicht mehr geregnet. Sie ist voller Sandkörnchen, die von der nahe gelegenen Wüste herüberwehen, und sie trägt den Duft der trockenen Kräuter, die im kargen Boden wurzeln …«

Und der Bote erzählte so anschaulich von der Erde des Südens, dass der König meinte, im selben Moment am südlichsten Punkt seines Reiches zu stehen und alles mit eigenen Augen anzusehen. »Ja«, rief er schließlich, »du bist der Schnellste. Du hast mir die Erde vom Tor des Südens durch dein Erzählen lebendig werden lassen wie kein anderer. Du sollst ab sofort mein erster Bote sein!«

An der Phantasiequelle

Die Phantasie ist eine Quelle, die jedem Menschen zur Verfügung steht. Manchmal allerdings ist der Zugang versperrt. Hemmungen und Ängste blockieren den Weg.

»Was soll ich denn erzählen? Ich kann das nicht. Mir fällt einfach nichts ein.«
»Ich habe keine Phantasie. Ich bin Realist.«
»Ich habe keine guten Ideen. Andere Menschen sind viel kreativer als ich.«
»Das, was mir einfällt, sind doch nur Nichtigkeiten. Das ist nicht der Rede wert.«

Vielleicht finden Sie sich in einer dieser Aussagen wieder? Oder Sie kennen das Gefühl, vor lauter Angst, sich nicht perfekt auszudrücken, lieber gar nicht erst den Mund aufzumachen und Ihre – möglicherweise etwas verrückt anmutenden – Ideen unausgesprochen zu lassen? Falls das so ist, möchte ich Sie ermutigen: Nutzen Sie Ihre Phantasie! Sie lässt sich mit einfachen Mitteln freilegen. Wer auch nur die Spitze seines kleinen Fingers in das sprudelnde Quellwasser taucht, bringt alle Vorbehalte im Handumdrehen zum Verschwinden. Stattdessen kann es geschehen, dass Sie merken: Das macht ja richtig Spaß!

An der Phantasiequelle findet man beste Zutaten für guten Erzählstoff. Dort kann man aus dem Vollen schöpfen. Die Möglichkeiten sind unbegrenzt. Phantasie hat unterschiedliche Gesichter: Sie kann langsam und gemächlich daherkommen, sodass man genüsslich darin schwelgen kann. Sie kann einen aber auch – schnell wie der Blitz – in eine andere Welt versetzen. Phantasie kann einlullen und schläfrig machen. Sie kann aber auch aufwecken und zu Taten motivieren. Was wäre, wenn jemand zu uns sagte: »Stell dir vor ...« – und wir könnten uns nichts vorstellen? Wie eng wäre unsere Welt! Phantasie macht das Leben bunt. Sie ist wie ein riesiger Raum, in dem man spielen kann. »Phantasie ist wichtiger als Wissen, denn Wissen ist begrenzt«, erkannte bereits Albert Einstein. Ohne Phantasie wäre vieles nicht entdeckt oder erfunden worden. Das Leben wäre extrem hart, unerbittlich und gnadenlos. Phantasie ist ein Geschenk Gottes, eine Zuflucht, ein Stück vom verlorenen Paradies. Sie bietet einen wertvollen Schatz, den wir nur allzu leicht vergessen über den Äußerlichkeiten des Lebens: den uns innewohnenden Einfalls-Reichtum.

Das darf doch nicht wahr sein!

Wer lebendig erzählen will, braucht Phantasie. Selbst wenn man eine ganz reale Begebenheit wiedergibt, beispielsweise von einer Reise oder von einem Ereignis aus dem Alltag berichtet, ist Phantasie unentbehrlich. Sie hilft, die engen Grenzen der Faktenwelt zu sprengen, hinter das Geschehen zu blicken und mit der Realität spielerisch, kreativ und auch humorvoll umzugehen. Nur so kann Neues und Spannendes entstehen, das der Rede wert ist. Phantasie bringt uns zum Staunen. »Das gibt es doch nicht!«, »Unglaublich!«, »Das darf doch nicht wahr sein!«, rufen die Zuhörer und freuen sich daran, dass da eine oder einer etwas erzählt, das zwar vielleicht nicht wirklich geschehen, aber doch vorstellbar ist.

»Halt!«, ruft jetzt vielleicht einer. »Was ist denn mit der Wahrheit? Man kann doch im Alltag nicht das Blaue vom Himmel herunter erzählen. Man darf doch nur sagen, was wirklich geschehen ist.« Der Erzähler Joel ben Izzy gibt auf diese Einwände in seinem Buch *Der Geschichtenerzähler oder das Geheimnis des Glücks* folgende Antwort: »Was meinst du mit wahr? Möchtest du nun wissen, ob sich das Wort für Wort so ereignet hat, wie ich es erzählt habe? [...] frag mich lieber, ob die Geschichte gut ist, denn eine gute Geschichte ist wahr, ob sie sich nun ereignet hat oder nicht. Und eine schlechte Geschichte ist eine Lüge, auch wenn sie sich wirklich so ereignet hat. Es geht also nicht darum [...] ob die Geschichte wahr ist, sondern ob sie eine Wahrheit beinhaltet. Und das wiederum ist ein Mysterium, das nur die Zeit auflösen kann. [...] Diese Welt verfügt über Geschichten, die einem zwanzig Jahre durch den Kopf gehen, bis sie endlich das versteckte Körnchen Wahrheit offenbaren.«

Das Zwiebelprinzip

In jedem Kopf schlummert eine ganze Welt. Für die Ländereien der Phantasie ist unsere rechte Gehirnhälfte zuständig. Dieser Teil des menschlichen Gehirns denkt bildhaft, sieht das Ganze, die Zusammenhänge, die Verbindungen, jenseits von Logik und eingefahrenen Mustern. In der heutigen Zeit und insbesondere in der westlichen Gesellschaft hat die linke Gehirnhälfte die Führung übernommen. Logik, rationale Argumente, Aussagen und Analysen bestimmen Gespräche und Handeln. Wie viele Worte werden allein in der Politik verloren, die belegen und erklären sollen, warum diese oder jene Lösung die vernünftigste ist. Was dabei wirklich auf der Strecke bleibt, ist die Kraft des Ungewöhnlichen und Überraschenden. Wer hat schon Lust, einer äußerst langweiligen und phantasielosen Geschichte zuzuhören? Es sind unerwartete Wendungen, spannende Abenteuer und bunte Bilder, die uns neugierig machen. Diese Impulse aber steuert unsere rechte Gehirnhälfte bei. Sie ist die Bilderkammer, die einen ganzheitlichen Blick auf die Welt wirft. Sie schenkt uns ein Kopfkino, das sehr viel Spaß machen kann. Mein kleiner Neffe, vier Jahre alt, sagt abends öfter zu seiner Mutter: »Mama, du brauchst mir heute nichts vorzulesen. Ich schaue noch einen Film.« Dann schließt er die Augen und taucht ein in seine inneren Bilder und Phantasien von Piraten, wilden Tieren und anderen Abenteuern. Wir Erwachsenen sollten uns dies zum Vorbild nehmen und das Träumen nicht vergessen.

Freies Assoziieren

Der Einfalls-Reichtum, der in unserem Kopf schlummert, lässt sich auf einfache Weise wachkitzeln. Man kann diesen Vorgang mit dem Zwiebelschälen vergleichen. Geschichten sind nämlich – wie der Name schon sagt – in Schichten aufgebaut und auch geschichtet in unserem Kopf abgelegt. Wer sich auf einen Text einlässt, wird immer wieder neue Bedeutungsebenen entdecken. Manches ist naheliegend, anderes überraschend, und manches berührt so tief, dass es einem Tränen in die Augen treibt. Man kennt das ja gelegentlich beim Zwiebelschneiden …

Hier haben Sie Gelegenheit, das freie Assoziieren auszuprobieren und damit Ihre Phantasie in Schwung zu bringen! Bei dieser intuitiven Übung lassen sich die Wort-Bild-Schichten im Kopf spielend leicht aufdecken. Ich nenne Ihnen gleich einen Begriff, und Sie beobachten, welches Wort in Ihrem Kopf als erster Impuls dazu auftaucht. Sprechen Sie dieses Wort laut aus. Nicht darüber nachdenken, einfach nur der spontanen Eingebung folgen. Es gibt dabei kein »richtig« oder »falsch«. Das, was auftaucht, ist Ihre persönliche Assoziation, und die ist immer stimmig. Warten Sie einen kleinen Moment und legen Sie dann eine weitere Schicht frei. Welches Wort taucht als nächstes auf? Vielleicht bringt Sie dieser Begriff auf eine völlig neue Spur? Lösen Sie auf diese Weise noch drei bis vier weitere Zwiebelschalen. Warten Sie immer wieder ab und lassen Sie sich Zeit beim Aufdecken der einzelnen Schichten. Wiederholen Sie zwischendurch laut das Schlüsselwort und lassen Sie sich von Ihrem individuellen Assoziationsnetz im Kopf überraschen.

Das Schlüsselwort lautet »Schnürschuh«!

1. Assoziation ____________________
2. Assoziation ____________________
3. Assoziation ____________________
4. Assoziation ____________________
5. Assoziation ____________________

Gibt es ein Wort, das Sie überrascht hat? Einen Begriff, der Ihnen in den Kopf kam und der Sie besonders interessiert oder vielleicht auch verwirrt? Möglicherweise haben Sie bemerkt, dass manche Assoziationen Sie stärker berühren als andere? Diese Worte sind vermutlich mit besonderen Erlebnissen in Ihrem Leben verknüpft und bedeuten Ihnen mehr als andere. Sie bringen tiefere Schichten in Ihnen zum Klingen. Gerade in diesen Worten verbirgt sich oft der Kern für eine erzählenswerte Geschichte. Genau an dieser Stelle sollten Sie weitergraben, denn dort ist eine Geschichtenquelle, die Sie anzapfen können.

Man kann sich solche Schlüsselworte, die eine Assoziationskette im Kopf auslösen, vorstellen wie einen Drachen, den man steigen lässt. Das Wort ist der Drachenkopf, an dem die Schnur befestigt ist, die ihn mit dem Menschen verbindet. Indem ein Wort ausgesprochen wird, steigt es in die Luft, gerät in Bewegung und wird dabei für alle sichtbar. Nun hat der fliegende Drache aber in der Regel nicht nur einen Kopf, sondern vor allem auch einen bunten Schweif, der im Wind hinter ihm herflattert. Dieser Schweif trägt all die Erinnerungen und Gefühle, die für denjenigen, der den Drachen steigen lässt, an diesem Wort hängen. Und genau das ist es, was den Drachen auch für andere interessant macht. Indem Sie Ihren Erinnerungen folgen und davon erzählen, bringen Sie den Drachenschweif eines Wortes zum Flattern.

Bevor ich Ihnen noch ein weiteres Schlüsselwort nenne, zu dem Sie Ihre Assoziationen beobachten können, möchte ich Ihnen ein eigenes Beispiel geben. Meine spontanen Einfälle zum Impulswort »Sonnenblume« waren folgende: Als Erstes kam mir »Wiese« in den Sinn, dann fiel mir »Größe« ein, nach einer kurzen Pause dachte ich an »Wärme«, dann erschien der Name Verena in meinem Kopf, als Nächstes tauchte das Wort »Andalusien« auf und schließlich »Rauhaardackel«. Manche dieser Assoziationen mögen Ihnen merkwürdig erscheinen, weil Sie den Zusammenhang zwischen dem Schlüsselwort und meinen Gedanken nicht nachvollziehen können. Sie kennen mich ja nicht und können auch nicht in meinen Kopf hineinschauen. Den Drachenschweif, der für mich hinter dem Wort »Sonnenblume« flattert, kenne nur ich selbst. Und genau darin liegt ein Anstoß für lebendige Kommunikation: Ich könnte Ihnen nämlich *erzählen*, warum mir auf das Schlüsselwort »Sonnenblume« ein Rauhaardackel eingefallen ist …

Jetzt sind Sie noch einmal dran. Das Impulswort lautet diesmal »Lederhose«.

1. Assoziation ______________________________
2. Assoziation ______________________________
3. Assoziation ______________________________
4. Assoziation ______________________________
5. Assoziation ______________________________

Das freie Assoziieren lässt sich auch gut in einer Gruppe umsetzen. In meinen Erzählseminaren ist es ein beliebtes Spiel. Man setzt sich im Kreis zusammen und beginnt, jeweils zu dem Begriff, den der Vorredner genannt hat, frei zu assoziieren. Der erste Sprecher sagt ein Hauptwort, beispielsweise »Rasenmäher«. Nun nennt der nächste Spielteilnehmer das Wort, das ihm als erstes zu »Rasenmäher« einfällt, etwa »Vorgarten«. Der nächste Redner assoziiert nun zu dem Wort »Vorgarten«, und so geht es immer weiter. Dieses Vorgehen hat den Vorteil, dass keiner in der Runde schon über einen Begriff im Voraus nachdenken kann, sondern ganz unmittelbar auf seinen Vorredner reagieren muss. Auf diese Weise überlisten wir das logische Denken und unsere analytische linke Gehirnhälfte, die sich gern ausgiebig Gedanken macht. Wir schalten damit auch unseren inneren Kritiker aus, der immer »gut« sein und alles »richtig« machen will und uns deswegen animiert, lange darüber nachzudenken, was wir »am besten« sagen werden, wenn wir an der Reihe sind. Über all dem aber vergessen wir, den anderen Menschen im Kreis zuzuhören, und bringen uns um das Erlebnis der Gemeinsamkeit. Es ist viel spannender und auch kreativer, auf die Intuition im Augenblick zu vertrauen und mit der Aufmerksamkeit dort zu verweilen, wo die Wortkette sich gerade befindet. Zum Stichwort »Sonnenblume« entstand so in einer Gruppe folgende Wortfolge: *Sonnenblume – Wiese – Mücke – Blut – Vampir – Gruselfilm – Hitchcock – Krimis – Mörder – Gefängnis – Stadelheim – München – Weißbier – Durst – Sommer – Sonne* ... Am Ende hat sich in diesem Fall der Wortkreis überraschend geschlossen: Auf die »Sonne« hätte jetzt gut wieder die »Sonnenblume« folgen können. In wenigen Minuten wurden hier zwischen ganz unterschiedlichen Menschen eine Menge Fäden gesponnen, von denen man gewiss den ein oder anderen zu einer kleinen Anekdote ausfabulieren könnte.

Rechte und linke Gehirnhälfte

Sie haben es bestimmt schon bemerkt: Die »Spinn-« oder »Spielideen« in diesem Buch sind vorwiegend als Impulse für die Mündlichkeit gedacht. Selbstverständlich dürfen Sie auch etwas aufschreiben. Meiner Erfahrung nach kann das geschriebene und auf dem Papier fixierte Wort den kreativen Prozess des »Herumspinnens« jedoch leicht einengen. Falls Sie dennoch Ideen festhalten möchten, versuchen Sie doch einmal, nicht Worte zu notieren, sondern stattdessen eine kleine Skizze, eine Strichzeichnung anzufertigen. Es kommt dabei nicht darauf an, ob Sie gut zeichnen können oder nicht. Sie allein müssen wissen, für welche Inhalte die Skizze steht. Bald schon werden Sie merken: Ein Bild ist offener und lässt mehr Deutungen zu als ein geschriebenes Wort. Es setzt einen Anker in unserer rechten Gehirnhälfte.

Um die Phantasie anzuregen und den Kopf spielerisch für Einfälle zu öffnen, sollten wir immer rechts vor Anker gehen! Erst später, wenn wir einer Geschichte, einer Rede oder einem Text eine stringente Form geben möchten, kommt die strukturierende linke Gehirnhälfte zum Einsatz. Beim Brainstorming ist es wichtig, nicht zu früh zu formen, sondern erst einmal dem ungeordneten Chaos Raum zu lassen. Für eine bewusste Kommunikation brauchen wir den ganzen Kopf mit den unterschiedlichen, einander ergänzenden Qualitäten der rechten und linken Gehirnhälfte. Beide Seiten haben ihren Anteil daran, dass Gespräche lebendig werden. Kommunikation, die im Erzählen wurzelt, ist ganzheitlich. Gutes Geschichtenerzählen – und im Grunde jede schöpferische Tätigkeit – erwächst aus der produktiven Spannung zwischen dem regelgeleiteten Denken der linken und der staunenden, experimentierfreudigen Haltung der rechten Hirnhemisphäre – zwischen wortwörtlichem Gebrauch der Sprache und metaphorischem, bildhaftem Ausdruck, zwischen fixierter Form und dynamischem Prozess.

Linke Gehirnhälfte

Struktur, roter Faden
Ordnung
Wort
Realitätssinn
Gesagtes
Details

Rechte Gehirnhälfte

Spielerische Impulse
Chaos
Bild
Phantasie
Gefühltes
Ganzheitlichkeit

Reizwortgeschichten

Anhand von Schlüsselwörtern, auch Reizwörter oder Impulswörter genannt, lässt sich nicht nur spontan zu einzelnen Begriffen assoziieren, sondern auch eine ganze Geschichte erfinden. Das ist ein unterhaltsames Spiel, das man wunderbar an einem geselligen Abend gemeinsam mit Freunden ausprobieren kann. Man notiert dafür rund 25 Begriffe auf neutrale Zettel und legt diese mit der Schrift nach unten auf den Tisch. Dann dreht ein Mitspieler den ersten Zettel um und beginnt, in zwei bis drei Sätzen – nicht mehr! – eine Geschichte zu erzählen, in der dieser Begriff vorkommt. Wie die Geschichte weitergeht, bestimmt der nächste Zettel, der vom folgenden Mitspieler umgedreht wird, usw. Natürlich entsteht dabei oft Unsinn, aber manchmal entwickelt sich auch etwas überraschend Kreatives. Und vor allem: Es macht Spaß! Der innere Kritiker wird erneut geschickt ausgeschaltet, wir dürfen einfach Quatsch machen und das Blaue vom Himmel heruntererzählen. Gerade Menschen, die an sich selbst hohe Ansprüche stellen, alles perfekt machen wollen und überzeugt sind, nicht frei und ohne Konzeptpapier sprechen zu können, werden mit dieser spielerischen Übung schnell von Blockaden befreit. Manch einer ist überrascht, welcher Einfallsreichtum plötzlich aus ihm heraussprudelt und wie mühelos die Worte fließen. Und dazu entsteht in der Gruppe ein gemeinsames Erleben, das Anlass für weitere Gespräche bieten kann.

Als Reizwörter fürs Geschichtenerfinden können Sie jedes beliebige Hauptwort verwenden. Wichtig ist allerdings, dass die Wörter aus möglichst unterschiedlichen Kontexten stammen und ein bunt-verrücktes Gemisch bilden. Hier ein paar Vorschläge: *Millionär, Schlagader, Mörder, Handtasche, Kühlschrank,*

Wiese, Limonade, Messer, Lottogewinn, Stiefmutter, Zwerg, Pfeife, Autoradio, Strohhalm, Dackel, Wecker, Radieschen, Schrank, Obstschäler, Dolch, Zauberstab …

Der Hund im Kühlschrank

Der italienische Schriftsteller, Grundschullehrer und Geschichtenerzähler Gianni Rodari beschreibt in seinem Buch *Die Grammatik der Phantasie* ein interessantes Phänomen. Er nennt es das phantastische Binom. Damit ist Folgendes gemeint: Unsere Kreativität wird in besonderer Weise angeregt, wenn wir zwei Begriffe aus möglichst unterschiedlichen Kontexten miteinander verknüpfen. Beispielsweise die Wörter »Hund« und »Kühlschrank«. Wie zwei elektrische Pole können diese beiden Begriffe einen kreativen Funken entfachen, der ein ganzes Geschichtenfeuer nach sich zieht. Wenn wir mit den beiden Wörtern mithilfe von Präpositionen ein wenig spielen, tun sich schnell phantasievolle Ideen auf. Durch die Unterschiedlichkeit der Kontexte sind wir gezwungen, das Gleis der gewohnten Denkmuster zu verlassen und neue Vorstellungswelten zu betreten. Etwa die folgenden:

Der Hund im Kühlschrank
Der Kühlschrank im Hund
Der Hund unter dem Kühlschrank
Der Hund hinter dem Kühlschrank
Der Kühlschrank des Hundes
Der Hund mit Kühlschrank

Tauchen verrückte Bilder in Ihrem Kopf auf? Spüren Sie die in diesen Wortpaaren verborgenen Geschichten? Vielleicht möchten Sie ja eine davon erfinden und erzählen? *Alles begann an dem Tag, als ich morgens den Kühlschrank öffnete und einem hechelnden und speicheltropfenden Berner Sennenhund in seine treuherzigen Augen sah …* Oder: *Mein Hund trägt einen Kühlschrank auf dem Rücken. Das sieht zwar etwas merkwürdig aus, ist aber durchaus praktisch. Er hat seine Würstchen immer frisch gekühlt bei sich. Bei unserem letzten Spaziergang …*

Und jetzt beobachten Sie im Gegenzug, wie Ihre Phantasie auf die Verknüpfung zweier Wörter reagiert, die im Bedeutungskontext sehr nahe beieinander liegen, beispielsweise die Wörter »Hund« und »Knochen«.

Der Hund und sein Knochen
Der Knochen vor dem Hund
Der Hund mit dem Knochen
Der Hund auf dem Knochen
Der Knochen im Hund
Der Knochen hinter dem Hund

Merken Sie, wie Sie stärker in gewohnten Bahnen denken, die für eine interessante Geschichte nicht so inspirierend sind? Hier zündet nicht so schnell ein Funke, der begeistert und entflammt. Am Anfang einer kreativen Entwicklung steht immer ein Kontrast, eine scheinbare Unvereinbarkeit. Wo kein Kampf ist, ist auch kein Leben. Um die Aufmerksamkeit eines Zuhörers zu gewinnen, müssen wir Dinge zusammenbringen, die auf den ersten Blick nicht miteinander in Beziehung stehen. Es sind die ungewohnten Bilder im Kopf, die uns selbst und andere inspirieren. Jedes Bild birgt seine eigene Geschichte.

Setzen Sie versuchsweise verschiedene Tiere gedanklich in den Kühlschrank. Sie werden feststellen, dass bei jedem Vorstellungsbild eine andere Energie und eine andere Dynamik entstehen. Was sehen Sie vor Ihrem inneren Auge, wenn Sie den Kühlschrank öffnen und folgende Tiere darin sitzen sehen?

Die Ente im Kühlschrank
Der Wolf im Kühlschrank
Die Ringelnatter im Kühlschrank
Der Tiger im Kühlschrank
Der Marienkäfer im Kühlschrank
Die Maus im Kühlschrank
...

Wie lässt sich die kreative Kraft des phantastischen Binoms im Alltag einsetzen? Stellen Sie sich vor, Sie sind Betriebsleiterin oder Betriebsleiter und sollen einen Vortrag über ein bestimmtes Produkt Ihrer Firma halten. Nun können Sie ganz sachlich beginnen, das Produkt vorstellen und seine Vor- und Nachteile im Verkauf auflisten. Sie können aber auch mit etwas Überraschendem, vom Thema scheinbar weit Entferntem beginnen und von dort dann einen ungewöhnlichen Verbindungsfaden zum eigentlichen Thema spinnen. Statt also sofort den Beamer einzuschalten und die Powerpoint-Präsentation mit den gebündelten Informationen zu starten, könnten Sie Blickkontakt mit Ihren Zuhörerinnen und Zuhörern aufnehmen und z. B. mit den Worten beginnen: »Meine Damen und Herren, als ich mich die letzten Tage mit den Produktinformationen beschäftigt habe, die ich Ihnen heute präsentieren möchte, fiel mir meine 95-jährige Großmutter ein. Vor vielen Jahren nämlich, als ich selbst noch ein Kind war und in den Sommerferien bei meiner Großmutter zu Besuch, erlebte ich, wie ...« Die Aufmerksamkeit und Neugier Ihrer Kolleginnen und Kollegen ist Ihnen gewiss. Und wer weiß: Vielleicht ergibt sich aus dieser Spielerei sogar eine gute Werbeidee oder ein neuer Blick auf ein altbekanntes Produkt des Unternehmens?

Eine weitere Inspirationsquelle und ein guter Ideengeber sind Geschichtenwürfel. Mit den entsprechend gewählten Themen können sie hervorragend für privates oder berufliches Brainstorming verwendet werden. Auch hier wirkt das Prinzip des phantastischen Binoms. Spielend leicht kann man sich auf diese Weise den Anfang einer Geschichte oder eine kreative Idee herbeiwürfeln. Auf dem einen Würfel stehen z. B. sechs Wörter aus dem Themenfeld Märchen: Hexe, Zauberer, König, Prinzessin, Frosch, böse Stiefmutter. Auf dem anderen Würfel stehen sechs Begriffe aus dem Themenfeld Haushaltsgegenstände: Waschmaschine, Wecker, Föhn, Staubsauger, Kaffeemaschine, Mülleimer. Nun würfeln Sie mit beiden Würfeln und erzählen dann beispielsweise von der ganz besonderen Waschmaschine der schönen Prinzessin mit Rosa-Schonwaschgang oder von dem Tag, als der Wecker des Froschs morgens drei Stunden zu spät quakte ...

Auf den Kopf gestellt

Es ist das Ungewöhnliche, das unsere Gespräche belebt und eingefahrene Denkmuster in Bewegung bringt. Es ist die Phantasie, die neue Welten öffnet. Es ist der Spaß am Spiel, der Mut zu Verrücktheiten, die Freude am Unsinn, die wir uns beim »ernsthaften« Kommunizieren viel zu wenig zugestehen. Zugegeben, es erfordert Mut, im direkten Kontakt mit fremden Menschen auch einmal ein anderes, etwa ein albernes Gesicht zu zeigen. Doch wie viel käme in Bewegung, wenn wir uns einen Tag lang – im übertragenen Sinne – auf den Kopf stellten und unseren Mitmenschen auf diese Weise begegneten? Unernsten Gemütslagen entspringt nicht nur Quatsch, sondern auch eine andere Form des Weiterdenkens jenseits straffer Logik. Der Schriftsteller Michael Ende erzählt in seinem Roman *Die unendliche Geschichte* von einem sogenannten Vierviertel-Troll. Das ist ein Wesen, das einen viereckigen Kopf mit vier verschiedenen Gesichtern auf dem Hals sitzen hat. Je nach Stimmung dreht dieser Troll entweder das ernste, das fröhliche, das alberne oder das wütende Gesicht nach vorn. Nehmen wir uns daran ein Beispiel! Es kann eingefahrene Kommunikationsmuster beleben, wenn wir Gesprächspartnern nicht immer dasselbe neutral-freundliche Gesicht zeigen, sondern einmal unerwartet einen anderen Gesichtsausdruck aufsetzen.

Wissen Sie eigentlich, wie Ihr Name rückwärts lautet? Sprechen Sie ihn einmal laut aus. Vielleicht fühlen Sie sich dabei an Kindertage erinnert? Und nun erfinden Sie eine kleine Geschichte über die Person mit diesem Namen. Was mag sie? Was mag sie nicht? Was sind ihre Hobbys? Was ist ihr Lieblingsessen? Lassen Sie Ihrer Phantasie freien Lauf. Alles, was Ihnen im »richtigen« Leben verwehrt oder fremd ist – und auch alles andere –, können Sie nun, wenn Sie möchten, der Person andichten, die Ihren auf den Kopf gestellten Namen trägt.

»Aludroc war ein wildes Kind, das am allerliebsten Wiener Würstchen mit grünen Erbsen aß. Wenn Aludroc etwas nicht passte, spuckte sie die Erbsen quer über den Tisch. Plopp, plopp,

plopp, wie kleine Kanonenkugeln. Dann wurde der Vater böse und schickte sie auf ihr Zimmer. Dort holte Aludroc einen Stapel Comic-Hefte unter dem Bett hervor und las in aller Seelenruhe, während die Eltern im Esszimmer die Erbsen aufsammelten.«

Gelegentliche Wortspiele lockern die Alltagskommunikation auf und erinnern daran, dass Reden nicht nur sinnvoll, sondern manchmal auch unsinnig und verrückt sein darf. Hier können uns Kinderspiele inspirieren. Ich erinnere mich, wie ich es als Kind geliebt habe, wenn meine Familie beim Abendessen eine Weile in Gegenteilen sprach, oder wenn wir zum Spaß in der sogenannten Bebe-Sprache kommunizierten. Hierfür wurde hinter jeder Wortsilbe mit Vokal eine Wiederholung mit »ba/be/bi/bo/bu/bä/bö/bü« eingebaut. Hababt ibihr veberstabandeben, wabas ibich meibeinebe? Dabas mabacht näbämlibich sebehr viebiel Spabaß! Wir sollten als Erwachsene die Lieblingsspiele unseres inneren Kindes nicht vergessen und immer wieder einmal lachen und verrückte Dinge machen!

Auf der Mauer, auf der Lauer

»Auf der Mauer, auf der Lauer sitzt 'ne kleine Wanze. Sieh dir mal die Wanze an, wie die Wanze tanzen kann. Auf der Mauer, auf der Lauer sitzt 'ne kleine Wanze.« Vielleicht kennen Sie dieses Lied. Mich hat als Kind, neben dem Spiel mit den verschwindenden und wieder auftauchenden Buchstaben, beschäftigt, was die Wanze auf der Mauer macht, und vor allem, was sie auf der anderen Mauerseite belauert. Diese Erinnerung brachte mich auf die folgende Spielidee, in der Sie selbst einen heimlichen Blick über eine Mauer werfen können. Dabei gibt es Interessantes zu entdecken.

Außer Neugier brauchen Sie für dieses Spiel wiederum nur ein Schlüsselwort. Nehmen wir als Beispiel den Begriff »essen«. Stellen Sie sich jetzt bitte vor, Sie blicken über eine hohe Mauer. Erzählen Sie, was Sie dort sehen, wenn Sie das Wort »essen« in sich bewegen. Beschreiben Sie das, was sich auf der anderen Seite der Mauer abspielt, wie ein Bild, das Sie betrachten. Sehen Sie ganz genau hin und erzählen Sie davon. Beginnen Sie Ihre Geschichte am besten mit den Worten: »Ich blicke über eine Mauer und sehe …«

Ich blicke über eine Mauer und sehe einen lauschigen Garten voller bunter Sommerblumen. In der Mitte steht ein runder Tisch, um den sich drei sehr dicke Frauen versammelt haben. Alle drei tragen geblümte, weit ausgeschnittene Kleider, haben von der Wärme gerötete Gesichter und lachen laut und herzhaft. Auf dem Tisch thronen eine riesige Schwarzwälder Kirschtorte und eine große Schale mit Sahne. Die drei dicken Frauen halten alle eine Kuchengabel in der Hand, eine von ihnen ruft: »Auf die Plätze, fertig, los!«, und dann beginnt eine Kuchenschlacht, wie ich sie noch nie in meinem Leben gesehen habe …

Bunte Bildergalerie der Ideen

Es ist wie immer bereichernd, wenn mehrere Menschen nacheinander über die Mauer blicken und sich gegenseitig ihre Einfälle mitteilen. Dadurch entsteht eine bunte Bildergalerie mit verschiedenen Szenen rund um das Thema »Essen«. Natürlich können Sie auch beliebige andere Schlüsselwörter als Impuls wählen. Beispielsweise »Abschied«, »feiern«, »tanzen«, »Liebe« … Wichtig ist nur, dass Sie keine langen Geschichten mit komplexer Handlung erfinden, sondern lediglich ein Standbild beschreiben.

Eine einzelne Szene genügt, sie spricht für sich, sie bildet den Kern einer Episode, die man bei Lust und Laune später ausbauen kann. Lassen Sie sich überraschen, welche Ideen in Ihrem Kopf auftauchen. Und freuen Sie sich an den bunten inneren Bildern – Ihren eigenen und denen Ihrer Miterzähler.

Zwischen Phantasie und Wirklichkeit

Phantasie zaubert aus Nichts ganze Welten. Bei Freunden erlebte ich ein Spiel, das ebenfalls kreative Kommunikation anregen kann: Ein Gefäß wie z. B. ein Korb, eine Kiste oder ein Hut wird im Kreis herumgereicht. Wer es in Händen hält, zieht pantomimisch einen Gegenstand daraus hervor, erzählt kurz von seiner besonderen Eigenschaft und schenkt ihn dann einem anderen in der Runde. Solch ein Phantasiegeschenk kann – obwohl unsichtbar und nicht real greifbar – sehr viel Freude bereiten, sowohl dem Schenkenden als auch dem Beschenkten!

»Diese feuerroten Stiefel machen den, der sie trägt, unsichtbar – aber nur, wenn man sie falsch herum anzieht. Ich schenke dir die Stiefel, Alex, bestimmt kannst du sie in deinem Alltag gut gebrauchen.«

»In diesem Brief wird dir mitgeteilt, Cornelia, dass du den Hauptpreis eines Gewinnspiels gewonnen hast! Herzlichen Glückwunsch!«

»Mit diesem kleinen Küchenmesser hat es eine besondere Bewandtnis: Wer damit Zwiebeln schneidet, weint Tränen aus purem Gold. Damit kannst du tränenreich glücklich werden, Simone!«

Lassen Sie mich die bisherigen roten Fäden zusammenfassen. Es handelt sich bei allen um kleine Spinn- oder Spielimpulse, mit denen jeder im Alltag – allein oder gemeinsam mit anderen – seine Phantasie in Bewegung bringen kann. Warum nicht während einer Kaffeepause einfach einmal mit den Kollegen herumspinnen? Oder an einem Abend mit Freunden eines der Spiele ausprobieren? Sie werden merken, dies ist nicht nur entspannend und anregend zugleich, sondern es fließen dabei oft auch unerwartete Ideen in die Arbeit und das Alltagsleben ein. Vor allem aber werden Sie merken: Es gibt viel zu lachen – und Sie erleben sich selbst und Ihre Mitmenschen einmal von einer anderen Seite!

Die Spiele im Überblick

- Freies Assoziieren zu einem Schlüsselwort (siehe S. 33ff.)
- Eine Kreisgeschichte anhand von Reizwörtern erfinden (siehe S. 39f.)
- Das phantastische Binom als Erzählanreiz (siehe S. 40ff.)
- Geschichtenanfänge würfeln (siehe S. 43)
- Worte auf den Kopf stellen (siehe S. 44f.)
- In einer Phantasie-/Unsinnssprache sprechen (siehe S. 45)
- Über eine Mauer schauen und erzählen, was dort zu sehen ist (siehe S. 45ff.)
- Phantastische Geschenke aus dem Hut zaubern (siehe S. 47)

Was Erzählen in der Kommunikation leisten kann

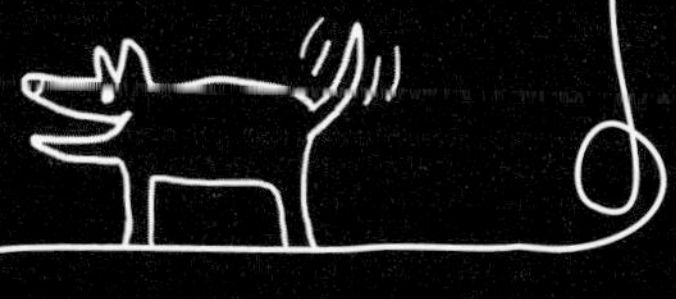

»Das Erzählte erreicht eine Schwingungsbreite, die der Information fehlt.«

(Walter Benjamin)

Was Erzählen in der Kommunikation leisten kann

Lebendiges Erzählen, bewusstes Zuhören und ein Gespür für gute Geschichten sind Schlüsselqualifikationen in der Alltagskommunikation. Es heißt, dass sich die Summe unseres Wissens mittlerweile alle sieben Jahre verdoppelt. Damit wird unsere Fähigkeit zur Auswahl relevanter Informationen mehr und mehr gefordert.

Qualitäten mündlichen Erzählens

»Die Kunst des Erzählens ist selten geworden«, schreibt Walter Benjamin. »Und die Verbreitung der Information hat einen entscheidenden Anteil an diesem Sachverhalt. Jeder Morgen unterrichtet uns über die Neuigkeiten des Erdkreises. Und doch sind wir an merkwürdigen Geschichten arm. Das kommt, weil uns keine Begebenheit mehr erreicht, die nicht mit Erklärungen schon durchsetzt wäre. Mit anderen Worten: Beinah nichts mehr, was geschieht, kommt der Erzählung, beinah alles der Information zugute. Es ist nämlich schon die halbe Kunst des Erzählens, eine Geschichte, indem man sie wiedergibt, von Erklärungen freizuhalten.«

Wer sich für überraschende Einfälle, innere Bilder und eine lebendige Phantasie öffnet, erschafft für sich selbst und auch im Kontakt mit anderen eine Welt, die fesselt und begeistert. Innere Bilder sind gewissermaßen eine gute Medizin gegen zu viele Fakten und Erklärungen. Die Sprache dient dabei als Brücke, um Vorstellungsbilder und Phantasien vom Ich zum Du zu transportieren. Wir brauchen gute Geschichten, denn – um nochmals Walter Benjamin zu zitieren – »das Erzählte erreicht eine Schwingungsbreite, die der Information fehlt.«

Ein Netz, das trägt

Im Folgenden möchte ich ein Netz aus sechs Erzählqualitäten weben, die alle einen entscheidenden Beitrag zu einer tragfähigen Kommunikation im Alltag leisten. Dieses Netz möchte ich dann in den folgenden Kapiteln zu den einzelnen Erzählqualitäten noch weiter ausspinnen.

Bei den Erzählqualitäten handelt es sich um sechs natürliche Qualitäten – Eigenschaften, die jeder Mensch bereits in sich trägt und deswegen auch wecken kann, sollten sie einmal schlummern. Sie zeichnen einen souveränen Erzähler aus und sind die Wurzeln der Kommunikation. Gespräche gewinnen durch diese Erzählqualitäten an Kraft, und zugleich wachsen Lebensfreude und Zufriedenheit jedes Einzelnen. Sie werden spüren: Es kommt etwas ins Schwingen.

Die sechs Erzählqualitäten

Ideenreichtum
Innere Bilder
Spielfähigkeit
Rhythmus
Authentizität
Aufmerksamkeit

Stellen Sie sich ein Spinnennetz vor. Die Spinne befestigt ihr Netz immer an einigen gut gewählten Haltepunkten. Zwischen diesen Punkten spannt sie dann ihre Fäden hin und her, unermüdlich und immer wieder neu.

Die Fixpunkte des Netzes sind – auf unser Thema übertragen – Schlüsselqualifikationen, die Halt und Struktur geben. Von dort aus kann sich, an verschiedenen Fäden entlang, Kommunikation aus dem Augenblick heraus immer wieder neu und anders entspinnen. Jeder Mensch muss sein eigenes Kommunikationsnetz weben. Um diese Erfahrung kommt keiner herum. Doch je mehr man »spinnt«, desto leichter lassen sich Verbindungsfäden entdecken und Netzwerke zwischen Menschen knüpfen.

Unsicherheiten überwinden

Mancher Haltepunkt mag zunächst schwer greifbar erscheinen. Möglicherweise denken Sie: »Geschichten erzählen? Erzählqualitäten? Ach du lieber Himmel! Mir fällt doch nie etwas ein!« Oder: »Ich habe so ein schlechtes Gedächtnis, ich kann mir gar nichts merken! Schon gar keine Geschichte!« Oder: »Immer wenn ich etwas erzähle, verzettele ich mich und komme vom Hundertsten ins Tausendste. Ich langweile meine Zuhörer!« Oder: »Ich bin einfach kein Erzähler, ich bin viel zu schüchtern. Am liebsten halte ich meinen Mund und höre nur zu.« Oder: »Erzählen, kein Problem! Stoff hätte ich genug. Nur leider scheint es niemanden zu interessieren, was ich zu sagen habe!«

In all diesen Fällen geht es darum, positive Erfahrungen zu machen, die Zweifel ausräumen und Unsicherheit nach und nach in Selbstbewusstsein verwandeln. Auch eine Spinne muss jeden

Fixpunkt ihres Netzes testen und lernt dabei aus der Erfahrung. Immer wieder reißt ihr Faden, und sie muss das Netz noch einmal neu und anders konstruieren. Doch irgendwann merkt sie dann: Es trägt! Es hält! Es funktioniert! Und dann kann sie sich in die Mitte ihres Gespinstes setzen, ausruhen und die Früchte ihrer Arbeit ernten.

Selbstbewusstsein in Gesprächen

Um die genannten Erzählqualitäten weniger abstrakt und damit spürbarer zu machen, habe ich jeder der Schlüsselqualitäten einen affirmativen Satz zugeordnet. Lesen Sie die folgenden Sätze bitte mehrmals hintereinander laut vor und achten Sie dabei darauf, wie sich das anfühlt.

Schlüsselqualität und affirmativer Satz

1. Mir fällt immer etwas ein!
2. Ich kann mir alles Wesentliche merken!
3. Ich fühle mich lebendig!
4. Ich spüre den Herzschlag einer Geschichte!
5. Ich überzeuge mit dem, was ich bin!
6. Die Menschen hören mir gern zu!

Vielleicht gibt es Sätze, bei denen Sie nicken und innerlich spüren: Ja, das stimmt. Oder es gibt Sätze, die Ihnen das Gefühl geben, das trifft ganz und gar nicht auf Sie zu. Stellen Sie sich dann vor, wie bestärkend es wäre, wenn Sie zu allen sechs Sätzen sagen könnten: »Genauso ist es!« Jeder Mensch, der diese Erzählqualitäten in sich gespürt hat und bewusst mit ihnen umgeht, wird mit einem veränderten Selbstbewusstsein in private und berufliche Gesprächssituationen gehen. Aus eigener Erfahrung kann ich sagen: Über lebendiges Erzählen und bewusstes Zuhören führt ein Weg zu einem anderen Selbstverständnis in Alltagsgesprächen. Und dieser Weg ist Erfolg versprechend und spielend leicht!

Ideenreichtum – »Mir fällt immer etwas ein!«

»Mir raucht der Kopf. Ich gehe mit Hunderten von neuen Ideen schwanger.
Und ständig drängen neue nach.
Bestenfalls kann ich diese Gedanken kontrollieren,
aber gar nicht zu denken ist mir unmöglich.«
(Jostein Gaarder)

Ideenreichtum – »Mir fällt immer etwas ein!«

Das Leben schreibt die besten Geschichten

Wer gut beobachtet, hat etwas zu erzählen. Wir sind von Geschichten umgeben: lustigen, traurigen, verrückten, unglaubwürdigen, wunderbaren, ärgerlichen, bedrückenden, heiteren, langweiligen, aufregenden ... Es ist an uns, sie aufzuspüren. »Das Leben schreibt die besten Geschichten«, heißt es. Das Leben selbst ist die reichhaltigste Geschichtenquelle, von der niemand behaupten kann, er habe sie nicht. Zwar kommt es vor, dass die Zugänge zu dieser Quelle unzugänglich geworden sind, aber die Quelle selbst ist da. Sie bleibt, solange das Leben währt. Wege und Zugänge lassen sich neu entdecken und eröffnen. Und das Faszinierende ist: Diese Geschichtenquelle wird im Laufe der Zeit nicht ärmer, sondern reichhaltiger. Kein Mensch ist jemals zu alt, um etwas zu erzählen – im Gegenteil: Mit jedem Lebenstag wächst die eigene Geschichte und bietet mehr Stoff, um daraus zu schöpfen.

Die Göttin des Gerüchts und Geredes

Der römische Dichter Ovid hat vor über 2000 Jahren in seinen *Metamorphosen* über 250 Götter- und Heldensagen aufgeschrieben, die von Verwandlungen der unterschiedlichsten Art erzählen. Beim Lesen begegnen einem alle bekannten und auch viele nicht bekannte Gestalten der antiken Mythologie. Und wenn man genau hinsieht, findet man dazwischen eine kleine, feine Geschichte über eine Göttin, von der man merkwürdigerweise selten hört: Fama, die Göttin des Gerüchts und Geredes. Von ihr will ich berichten.

Diese Göttin, so erzählt Ovid, hat ihr Haus an einem besonderen Ort gebaut. Er befindet sich mitten im Weltall, genau an der Stelle, an der Himmel, Erde und Meer zusammenstoßen. Von dort aus kann man alles sehen, was in der Welt geschieht, mag es auch noch so entlegen sein. Man sieht, was im Himmel, auf dem Meeresgrund oder auf der Erde vor sich geht. An diesem Ort hört man außerdem alles, was irgendwo gesprochen, gesungen, geflüstert oder gemurmelt wird. Famas Haus ist einzigartig, denn es hat unzählige Fenster und Türen, die immer offen stehen. Außerdem ist das Gebäude ganz aus tönendem Erz gebaut. So dringen durch die Öffnungen des Hauses die Geschehnisse der Welt herein – Tag und Nacht. Vielfältige Stimmen hallen in Famas Haus wider, es gibt nirgends eine ruhige Ecke. Aber es ist auch kein Geschrei zu hören. Stattdessen erlebt man ein dumpfes Rauschen wie von der Brandung des Meeres. In diesem Haus herrscht ein ständiges Kommen und Gehen. Die einen blicken neugierig aus Fenstern und Türen, andere lauschen denjenigen, die berichten, was sie dort sehen. Wieder andere rühren emsig in den Töpfen der Gerüchteküche. Alle aber, die in Famas Haus gekommen sind, tragen Gesehenes, Gehörtes und Erzähltes irgendwann hinaus in die Welt, und jeder fügt dabei den Geschichten noch etwas Neues hinzu. So wächst das Maß des Erdichteten von Tag zu Tag. Fama selbst aber durchspäht die ganze Welt, kennt alle Geschichten und bietet ihnen in ihrem Haus Raum, sich zu entfalten, zu verändern und zu verbreiten.

Ist es nicht eine faszinierende Vorstellung, dass es im Weltall einen Ort geben könnte, an dem sich alle Geschichten der Welt versammeln? Dort schwingt alles, was einmal war, und alles, was gerade geschieht, auf ewig nach und bietet Stoff für immer neue Geschichten und unendliche Variationen derselben Themen. Famas Haus mutet fast an wie ein alternatives Internet, in dem sich die Begebenheiten der Welt vernetzen und in immer wieder neuen Kombinationen verbreiten. Wer aus der Stofffülle Teile auswählt und zu einer eigenen Geschichte formt, bringt Ordnung in das allgegenwärtige Rauschen.

Tür und Tor öffnen

In Famas Haus stehen die Türen weit offen. In unserem eigenen Geschichtenhaus ist das nicht immer der Fall. Wer die Tür zu seinem Geschichtenschatz verschlossen findet, braucht nur eines zu wissen: Die Türklinke ist innen! Das bedeutet, dass sich die Tür von selbst öffnet – beim Er-*innern*. Geschichtentüren kann man ganz spielerisch aufschließen. Alles, was man dazu braucht, ist ein Schlüssel. Nehmen Sie einmal einen alten Schlüssel zur Hand und erzählen Sie sich selbst oder Freunden dazu eine kleine Geschichte, in der Sie die drei folgenden Fragen beantworten.

1. Zu welcher Tür gehört dieser Schlüssel?
2. Wie sieht diese Tür aus?
3. Was befindet sich hinter der Tür?

Beginnen Sie Ihre Erzählung mit den Worten: »Dieser Schlüssel passt zu einer Tür, die …« Es kann eine »wahre« Geschichte sein, von einer Tür, die real existiert, oder auch etwas Erfundenes, eine Tür in Ihre Vorstellungswelt. Realität und Phantasie dürfen sich auch vermischen.

Dieser Schlüssel passt zu einer Falltür, die sich direkt unter dem Schreibtisch in meinem Büro befindet. Die Tür im Boden ist kaum zu sehen, sie fügt sich nahtlos in den Parkettboden ein. Nur das kleine Schlüsselloch fällt einem ins Auge, wenn man ganz genau hinsieht. Wenn ich nun den Schlüssel ins Schlüsselloch stecke und dreimal herumdrehe, lässt sich die Bodenklappe nach oben ziehen und öffnen. Darunter ist ein Raum, zu dem eine hölzerne Leiter hinabführt. Wenn man hinuntersteigt – und ich habe es schon oft getan – gelangt man zu einem wunderbar weichen, gemütlichen Bett, das mit bunter Bettwäsche bezogen ist. Ja, und wenn ich einmal während der Arbeit müde werde, dann öffne ich die Tür im Boden, steige hinunter und schlafe eine Runde. Keiner weiß von dieser geheimen Tür – nur Sie kennen jetzt mein Geheimnis!

Noch ein Tipp: Machen Sie sich vorab keine Gedanken, was sich hinter der Tür, von der Sie erzählen, befinden könnte. Manchmal ist es am spannendsten, sich beim Erzählen selbst zu überraschen. Öffnen Sie einfach sprechend die Tür und sagen Sie dann aus dem Augenblick heraus das, was Ihnen spontan in den Sinn kommt. Vielleicht ist hinter der Tür ein Goldschatz? Oder eine Glühbirne? Oder ein rotes Gummibärchen? Oder einfach nichts? Wer weiß …

Du lügst, oder?

Es gibt ein schönes Spiel, das ganz unmittelbar in die eigene Lebensgeschichte führt. Oft bildet es den Auftakt meiner Erzählseminare. Dafür teilen die Teilnehmerinnen und Teilnehmer ein DIN-A4-Blatt in der Mitte in zwei Hälften. Auf beiden Seiten gestalten sie dann ein kleines Bild, skizzenartig gezeichnet oder mithilfe einer Collage aus Bildern einer Zeitschrift. Beide Bildseiten sollen dabei eine Begebenheit aus dem eigenen Leben erzählen, beispielsweise ein Reiseerlebnis, ein Hobby, ein Lieblingsessen, eine Abneigung, eine Anekdote oder einen Schwank aus dem Alltag. Dabei muss allerdings die eine Geschichte wahr und die andere erlogen sein. Anschließend werden die Bilder in der Runde gezeigt und die Geschichten dazu erzählt. Die Zuhörer raten, welche der beiden Geschichten der Wahrheit entspricht und welche erfunden ist. Wichtig dabei ist: Die kleine Skizze dient als Veranschaulichung für denjenigen, der erzählt! Es sollten keine Worte auf die Blätter geschrieben werden, und es geht auch nicht darum, besonders kunstvolle Collagen zu gestalten. Die Zuhörer hören die Geschichten, sie vertiefen sich nicht in die Bilder. Das Visualisieren, also das bildliche Darstellen des Erzählstoffs, ist vor allem als Erzählhilfe gedacht, die dem freien mündlichen Ausdruck der Sprecherin oder des Sprechers einen Fokus gibt und verhindert, dass sie oder er sich in Details verliert. Probieren Sie es einmal aus! Es ist eine wunderbare Art, auf unterhaltsamem Weg und in kurzer Zeit etwas Interessantes von anderen Leuten zu erfahren und gleichzeitig etwas von sich selbst mitzuteilen.

Nachdem alle Geschichten erzählt worden sind, ist es spannend, sich folgende Fragen zu stellen und diese, falls möglich, auch mit anderen zu diskutieren:

- Was fiel Ihnen schneller ein – die wahre Geschichte oder die Lüge?
- Welches Erinnerungsbild war leichter zu gestalten – Wahrheit oder Lüge?
- Wie ging es Ihnen beim Erzählen? Was kam Ihnen leichter über die Lippen – Wahrheit oder Lüge?

- Wie wirkten die beiden Geschichten auf Ihre Zuhörer? Wurde die Lüge aufgedeckt?
- Haben Sie selbst in Ihrer Lügengeschichte vielleicht einen Funken Wahrheit entdeckt? Oder in der wahren Anekdote ein bisschen Flunkerei?

Wann ist eine Geschichte »wahr« und wann ist sie »erlogen«? Diese Frage ist nicht auf die Schnelle zu beantworten und führt bei näherer Betrachtung tief in eine philosophische Debatte. Eines ist gewiss: Wahrheit und Lüge sind zwei Seiten einer Medaille. Die Grenzen sind fließend. Und eine Qualität des lebendigen Erzählens ist es, sich in diesem Grenzbereich bewegen zu dürfen. Beim Erzählen geht es nicht in erster Linie um »die Wirklichkeit«. Es geht vielmehr um einen spontanen Ausdruck, um Unmittelbarkeit und Authentizität. Im Erzählen schwingen meist beide Seiten mit und vermischen sich. Da wird in der Erzählung der berühmte gefangene Fisch zehn Zentimeter größer, als er in Wirklichkeit war. Oder es hat im Urlaub jeden Tag geregnet, obwohl es zwischendurch durchaus so manchen Sonnentag gab. Zu einer guten Geschichte gehören kraftvolle, klare, konturenreiche Bilder, die tief im Inneren des Erzählers verwurzelt sind. Ob diese Bilder wirklichkeitsgetreu oder erfunden oder – was am häufigsten ist – eine ausgeschmückte Wahrheit sind, sollte man nicht auf die Goldwaage legen. Erzählen ist frei von diesen Vorgaben. Erst einmal ist alles möglich!

Das doppelte Lottchen

Eine weitere Spur zur Geschichtenquelle des Lebens können Lieblingsbücher sein. In Geschichten, die uns besonders berühren, steckt meist ein Stück des eigenen Lebens. Bestimmte

Figuren, Themen, Landschaften, Szenen und dergleichen mehr tauchen auf, die im Bildgedächtnis abgespeichert sind. Wenn Sie über Ihre Lieblingsgeschichten sprechen, erzählen Sie auch etwas von sich selbst.

- Was haben Sie als Kind gern gelesen?
- Welche Geschichten haben Sie gern gehört?
- Welches Märchen ist Ihnen bis heute im Kopf geblieben?
- Welche Bücher stehen heute in Ihrem Bücherregal?
- Gibt es eine für Sie vorbildhafte Figur aus einer Geschichte?
- Gibt es eine Figur, die Ihnen Angst gemacht hat?

Ein wichtiges Buch meiner Kindheit war *Das doppelte Lottchen* von Erich Kästner. Luise und Lotte, die beiden Zwillingsschwestern, die nichts voneinander wissen und sich dann zufällig in einem Kinderferienheim begegnen, haben mich fasziniert. Ich fand den Rollentausch der beiden mutig und ich konnte sowohl ein bisschen was von der wilden, ungezähmten Luise als auch von der ernsthaften, besonnenen Lotte in mir wiederfinden. Und was für ein Triumph, als die beiden Mädchen am Ende die »böse Stiefmutter« vertreiben und die »guten Eltern« wieder zusammenbringen! *Das doppelte Lottchen* lebt von der Gegensätzlichkeit der beiden Mädchen. Polaritäten erzeugen Spannung. Luise – Lotte, wild – brav, hell – dunkel, Tag – Nacht, gut – böse, groß – klein, schnell – langsam … All diese Begriffspaare öffnen eine weite Spanne aufregender Erzählstoffe.

Stellen Sie sich vor, Sie müssten sich entscheiden, ob Sie ausschließlich bei Tag oder bei Nacht leben wollten. Was würden Sie wählen? Das Tageslicht oder die nächtliche Dunkelheit? Oder jemand fragt Sie, ob Sie lieber riesengroß oder winzig klein sein möchten. Was wäre Ihnen lieber? Schnell wird deutlich: Wir wünschen uns in den meisten Fällen, an beiden Polen teilzuhaben. Wir möchten nicht nur das eine oder das andere Extrem leben, sondern am liebsten beides, von allem etwas, ein Dazwischen, ein Sowohl-als-auch. Die schwarz-weiße Welt der klassischen Märchen führt uns Polaritäten plastisch vor Augen: Da ist der eine Sohn klug, der andere dumm. Die eine Prinzessin ist wunderschön und fleißig, die andere hässlich und faul. Der eine König ist gut und weise, der andere böse und voller Hinterlist. Die meisten erfolgreichen Geschichten arbeiten mit der Spannung der Gegensätze. So ist auch in den berühmten Harry-Potter-Bänden der Bestsellerautorin Joanne K. Rowling neben dem Kampf zwischen Gut und Böse die wohl spannendste Figur der Lehrer Snape. Bis zum siebten Band der Reihe – und eigentlich bis über das Ende des Romans hinaus – bleibt unklar, ob Snape nun zu den Guten oder den Bösen gehört. Seine Doppelgesichtigkeit fasziniert und spielt während der gesamten Erzählung mit den Sympathien und Antipathien des Lesers.

Das Prinzip der Polarität lässt sich auf das Kommunizieren im Alltag übertragen. Themen, die sich mit Gegensätzlichkeiten beschäftigen, sind ein guter Gesprächsanlass. Im Kontrast steckt Lebendigkeit, und jeder Mensch kennt die spannungsgeladenen Gefühle, die sich aus Gegensätzlichkeiten ergeben! Über Glück und Pech im Leben lässt sich endlos reden. Es ist ein Thema über Ländergrenzen und Kulturen hinweg. Sind Sie ein Optimist oder ein Pessimist? Ein Glückskind oder ein Pechvogel? Was war das Schlimmste, das Ihnen jemals passiert ist? Und was war das Beste? Dazu kann jeder etwas sagen.

Das Schloss der tausend Spiegel
Eine Geschichte über Gegensätze

Es war einmal ein Hund. Dieser Hund hörte eines Tages von einem besonderen Schloss. Es wurde »das Schloss der tausend Spiegel« genannt. Der Hund wusste nicht, was ein Spiegel ist, aber es hörte sich interessant an. Und da er sowieso nichts Besonderes zu tun hatte, beschloss er, sich dieses Schloss einmal anzusehen.

Der Hund machte sich auf den Weg. Viele Tage und Wochen war er unterwegs. Endlich stand er vor dem geheimnisvollen Schloss. Er lief die Treppe hinauf, öffnete das große Tor und trat ein. Da sahen ihn aus tausend Spiegeln tausend Hunde an. Der Hund bekam große Angst. Er fletschte die Zähne, zog den Schwanz ein und knurrte. Da sahen ihn aus tausend Spiegeln tausend böse Hunde an. Alle fletschten die Zähne und zogen die Schwänze ein. Der Hund aber dachte: Die Welt ist voller böser Hunde. Und er kam niemals wieder in das Schloss der tausend Spiegel.

Am selben Nachmittag kam noch ein anderer Hund in das Schloss der tausend Spiegel. Auch er wusste nicht, was ein Spiegel ist. Aber er dachte, dass es sich lustig anhörte. Der Hund lief die Treppe hinauf, öffnete das große Tor und trat ein. Voller Vorfreude wedelte er mit dem Schwanz, stellte die Ohren auf und hob den Kopf in die Höhe. Da freuten sich in tausend Spiegeln tausend Hunde. Alle wedelten mit dem Schwanz und stellten neugierig die Ohren auf. Der Hund aber dachte: Die Welt ist voller glücklicher und zufriedener Hunde. Und von nun an kam er jeden Tag in das Schloss der tausend Spiegel.

Wo findest du das Schloss der tausend Spiegel? Ob du es glaubst oder nicht: Es ist direkt vor deiner Tür!

A wie Apfelbaum

Kennen Sie das Abc Ihres Lebens? Auf ganz einfache Weise können Sie mithilfe einzelner Buchstaben eine Vielzahl roter Fäden durch Ihre eigene Lebensgeschichte spinnen. Zu jedem Buchstaben des Alphabets schreiben Sie dafür ein oder zwei Begriffe auf, die Ihnen in den Sinn kommen und etwas mit Ihrem Leben zu tun haben. Von A bis Z.

Denken Sie dabei nicht lange nach, sondern notieren Sie spontan die erste und zweite Assoziation. Am Ende können Sie anhand dieser Schlüsselwörter eine Menge über sich erzählen. Jedes Wort ist wie eine Tür zu einer Szene Ihres Lebens. Bei einer neuen Begegnung mit einem noch fremden Menschen könnte das Lebens-Abc ein schöner Gesprächsanlass sein. Statt – wie gewohnt – zu fragen: »Wie heißen Sie? Was machen Sie beruflich? Was sind Ihre Hobbys?«, notiert jeder ein individuelles Abc und erzählt dann, welche Bewandtnis es mit den Begriffen hat. Probieren Sie es einmal aus!

A – Augsburg, Apfelbaum
B – Bettdecke, Bonita
C – Carla, Clown
D – Drama, daheim
E – Elefant, Eifersucht
F – Friedhof, Fingerübungen
G – ...

A wie Apfelbaum. Hinter dem Haus meiner Großeltern stand ein alter Apfelbaum. Er war das Zentrum der Terrasse, und seine alten Äste spendeten im Sommer Schatten. Ich erinnere mich noch gut, wie sich das Leben rund um den Apfelbaum anfühlte. Es war eine Mischung aus Geborgenheit, Sommerluft und Kaffeetassengeklapper.

F wie Friedhof. Ich wohne direkt neben einem Friedhof. Die alten Bäume ragen über die Friedhofsmauer und begrüßen mich täglich, wenn ich aus dem Haus gehe. Manch einer mag einen Friedhof als Nachbarn morbide finden, für mich aber ist dieser besinnliche Ort eine Quelle der Lebendigkeit, der Lebensfreude und der ruhigen Heiterkeit.

Freies Erzählen

Eine Lehrerin, die mit Flüchtlingen aus verschiedenen Ländern arbeitet und ihnen bei der sprachlichen Integration hilft, erzählte mir einmal Folgendes: »Ich wollte die Menschen gern – trotz holpernder Ausdrucksfähigkeit in der Fremdsprache – zum freien Erzählen ermutigen. Doch die Scheu war groß, und das Vertrauen fehlte. Da beschloss ich, in einer Unterrichtsstunde von meinen eigenen Fluchterlebnissen 1945 zu erzählen, davon, wie meine Mutter mit uns vier Kindern mehrere Monate lang unterwegs war, mit einem einzigen Koffer, in dem unser ganzes Hab und Gut war. Und je mehr ich von mir selbst und von meiner Vergangenheit erzählte, desto stärker war auf einmal eine Verbindung zur Gruppe spürbar. Durch das Mitteilen einer zentralen Szene meines Lebens entstand ein anderer Kontakt zwischen mir und den Sprachschülern als zuvor. Und nach und nach verschwand die Scheu der meisten Flüchtlinge, und sie begannen selbst zu erzählen.« Im Abc des Lebens hätte in dieser Gruppe wohl bei fast allen beim Buchstaben F das Wort »Flucht« gestanden.

Stoff für lebendiges Erzählen

Es gibt zahlreiche Möglichkeiten, die zum lebendigen Erzählen inspirieren können. Geschichten schlummern überall. Man muss sie nur aufwecken und seinen eigenen Weg finden, sie unter die Leute zu bringen. Hier noch einmal zusammengefasst einige Quellen, aus denen man Erzählstoff für lebendige Gespräche schöpfen kann:

Quellen für Erzählstoff

- Das eigene Leben
- Lieblingsbücher
- Fotos
- Ansichtskarten
- Filme
- Tag- oder Nachtträume
- Alltagsbeobachtungen
- Gegenstände
- Melodien, Töne, Rhythmen
- Einzelne Wörter
- Reiseerlebnisse
- Gerüche
- …

Bestimmt haben Sie inzwischen Spannendes in Ihrem Geschichtenschatz entdeckt, das für Sie erzählenswert ist. Falls nicht, kehren Sie einfach noch einmal in Ruhe zu einem der Spielimpulse in diesem Kapitel zurück. Irgendwann zeigt sich immer eine klitzekleine Idee … Nur Geduld! Vielleicht sprudeln bei Ihnen aber auch schon ganz viele Einfälle, und Sie wissen gar nicht, mit welchem Sie beginnen sollen? Wichtig ist in diesem Fall, dass Sie Ihrem Erzählstoff auf den Grund gehen. Jeder, der anderen etwas mitteilen möchte, sollte sich fragen: Warum will ich gerade das erzählen? Und warum erzähle ich diese Geschichte gerade diesem Menschen oder dieser Gruppe oder in dieser Situation? Was ist das Wesentliche, das ich mit dieser Erzählung ausdrücken möchte? Will ich andere Menschen unterhalten? Möchte ich mir selbst etwas von der Seele reden? Will ich ein Erlebnis mit jemandem teilen, der etwas Ähnliches erfahren hat, oder möchte ich im Erzählen einfach meine Gedanken ordnen? Vielleicht erzähle ich etwas, um Ratschläge zu erhalten?

Wer zu anderen spricht, sollte seine eigene Motivation kennen und außerdem die drei wesentlichen Kommunikationsfäden im Auge behalten. Erstens: den Verbindungsfaden zwischen sich selbst und dem Erzählten, der deutlich macht, was diese Geschichte mit einem zu tun hat. Zweitens: den Verbindungsfaden zwischen sich selbst und den Zuhörern, der transparent macht,

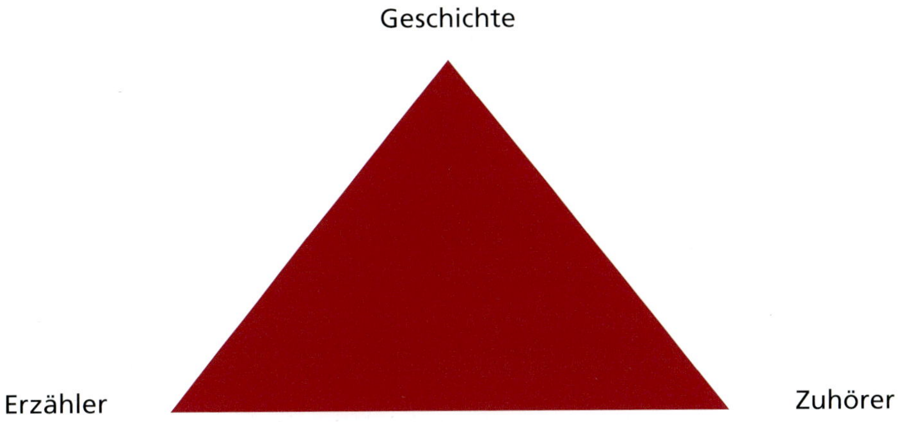

warum man eine Geschichte, ein Thema oder eine Information gerade für diese Hörer ausgewählt hat. Und drittens: den Verbindungsfaden zwischen den Zuhörern und der Geschichte, der sich normalerweise erst während des Erzählens entspinnt. Über ihn hat man als Erzählender wenig Kontrolle, aber man sollte ihn dennoch im Blick behalten. Nur wenn alle drei Fäden gut gespannt sind, fällt eine Erzählung auf fruchtbaren Boden, und die Kommunikation zwischen Sprecher und Zuhörer gelingt.

Innere Bilder – »Ich kann mir alles Wesentliche merken!«

»Der Dichter bringt Bilder des Lebens,
menschliche Charaktere und Situationen vor die Phantasie,
setzt das alles in Bewegung und überlässt nun jedem,
bei diesen Bildern so weit zu denken, wie seine Geisteskraft reicht.«

(Arthur Schopenhauer)

Innere Bilder – »Ich kann mir alles Wesentliche merken!«

Wenn die Idee für eine Geschichte gefunden ist, muss der Stoff geordnet und in eine Form gebracht werden. Die einzelnen Elemente sollten dabei so verknüpft werden, dass der Redner sie sich merken und der Zuhörer der Handlung folgen kann. Ganz gleich, ob Sie ein Märchen erzählen oder ein Erlebnis aus dem Alltag: Sie brauchen einen roten Faden, der dem Gesagten eine sinnvolle Struktur gibt.

Ich sehe was, siehst du es auch?

Sicherlich haben Sie als Kind auch das folgende Spiel gespielt: »Ich sehe was, was du nicht siehst, und das ist gelb!«, ruft ein Kind, und alle anderen spielen mit und sind eifrig bemüht herauszufinden, welchen gelben Gegenstand das Kind wohl gesehen und gemeint hat. Die Sonnenblume in der Vase? Den kleinen Stern auf dem Pullover? Den Rest Zitronenlimonade im Glas? Viele Bildausschnitte aus der sichtbaren Umgebung sind möglich. Durch kluges Beobachten und Raten findet sich irgendwann die Lösung des Rätsels.

Beim Erzählen ist es ein bisschen so wie in diesem Kinderspiel. Hier allerdings lautet die Frage ein wenig abgewandelt: »Ich sehe was, siehst du es auch?«. Ein Erzähler lädt seine Zuhörer ein, etwas, das er selbst vor seinem inneren Auge hat, mit ihm anzusehen. Es sind die inneren Bilder des Erzählers, sein »Film im Kopf«, der die Phantasie der Zuhörer anregt und auch in ihren Köpfen Bilder wachruft.

Wort und Bild

Worte sind eine Brücke zwischen Innen und Außen. Jedes Wort ist Bestandteil eines doppelten Übersetzungsvorgangs zwischen Sprecher und Zuhörer: Alles beginnt mit einer Idee, einem Erlebnis, einer Erfahrung, einer Beobachtung, die jemandem so wichtig ist, dass er davon erzählen möchte. Dieser Mensch erinnert sich lebhaft an das Geschehen und führt sich die Situation noch einmal bildlich vor Augen. Beispielsweise den Moment im Urlaub, in dem während der Safari in Afrika die wilden Tiere nachts zur Wasserstelle kamen, um zu trinken. Nun kleidet der Erzähler seine Erinnerung in Worte. Er beschreibt die Elefanten, die als Erste das Wasserloch aufsuchen, die Zebras und Giraffen, die Büffel und Wildkatzen. Und schließlich den kleinen Buschhasen, der ganz allein als Allerkleinster und als Allerletzter aus der Quelle trinken darf, wenn die Großen den Platz geräumt haben. Durch die anschauliche Beschreibung werden die Erinnerungen transportfähig und können hinüberwandern zu einem Zuhörer. Vom Zuhörer werden die Worte dann wieder in innere Bilder und Gefühle zurückübersetzt. Er fühlt sich beim Hören der Geschichte vielleicht an eine eigene Safari erinnert, oder es wird die Sehnsucht in ihm geweckt, selbst einmal wilde Tiere in freier Natur zu beobachten. Oder vor seinem inneren Auge taucht ein Erlebnis im Zoo auf, den er vor Kurzem mit seinen Kindern besucht hat. Oder er muss über den kleinen Hasen lachen, der ihn an das Kaninchen seiner besten Freundin erinnert. Oder, oder, oder …

Wort und Bild repräsentieren zwei Pole unseres Lebens. Unser Bild-Erleben spielt sich auf ganz andere Weise ab als unsere Reaktion auf Worte und Begriffe. Bilder sprechen sehr viel direkter unsere Intuition und unser Gefühl an und umgehen mit dieser Wirkungsweise oft das rationale Verstehen, den intellektuellen Filter. Ein großer Teil unserer Erinnerungen wird in Form von Bildern gespeichert, vor allem solchen, die mit starken Gefühlen verbunden sind. Bilder können in uns Reaktionen auslösen, die sich nicht so leicht in Worte fassen lassen. Wie Kunstwerke, die ein Besucher in einer Ausstellung auf sich wirken lässt, oder auch wie Traumbilder, an die man sich am Morgen erinnert, die man aber nur schwer in Worten ausdrücken kann, sprechen sie zu uns auf einer unbewussten, emotionalen Ebene. Unsere Assoziationen zu bestimmten Bildern haben deshalb meist etwas mit unseren Gefühlen zu tun. Ehe wir über Worte verfügen, verfügen wir über Bilder. Ein fünfjähriger Junge sagte einmal: »Ja, ich weiß, was ›Geografie‹ ist. Die Eisbären oben und die Pinguine unten.«

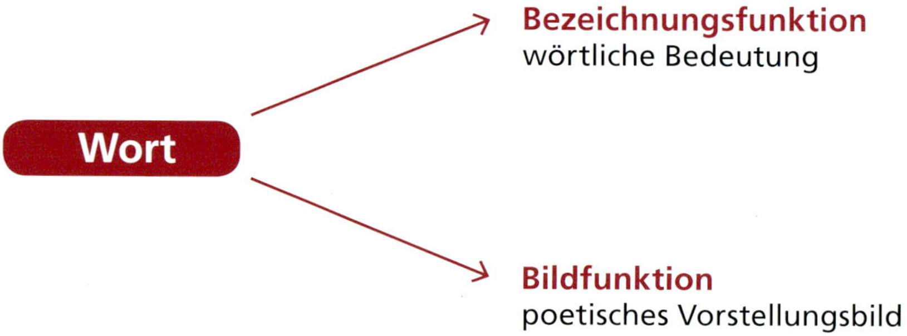

Ohne Worte wäre der Austausch über innere Bilder nicht möglich. Für eine lebendige Alltagskommunikation bedeutet das: Es ist entscheidend, dass allem Wesentlichen, worüber man spricht, ein inneres Bild bzw. ein Gefühl zugeordnet ist. Denn wenn eine

Geschichte nicht mit innerem Erleben gefüllt ist, kann beim Zuhörer auch nichts rückübersetzt werden. Dann bleibt das Gesagte leer, und es ist kein Verbindungsfaden zwischen Erzähler und Geschichte spürbar.

Achten Sie einmal gezielt darauf, wenn Ihnen jemand im Alltag etwas erzählt: Entsteht in Ihrem Kopf ein sinnlich-fühlbares Bild dessen, was Sie da hören? Sehen Sie den Berggipfel, der bestiegen worden ist? Hören Sie das Meer mit den Schaumkronen, das wild an die Felsen schlägt, oder die jähzornige Chefin, die mit der Faust auf ihren Schreibtisch schlägt? Können Sie sich vorstellen, wie die Fahrt Ihrer Nachbarn mit der transsibirischen Eisenbahn verlaufen ist? Und riechen Sie die rosa Heckenrosen, die an der Gartenmauer Ihrer Kollegin blühen? Oder bleibt das Gehörte sachlich, farblos und ohne spürbare innere Resonanz? Nur wenn ein Sprecher sein Gegenüber zu begeistern weiß und es mitnimmt in seinen Bilder- und Gefühlsfilm, gelingt der lebendige Brückenbau aus Worten.

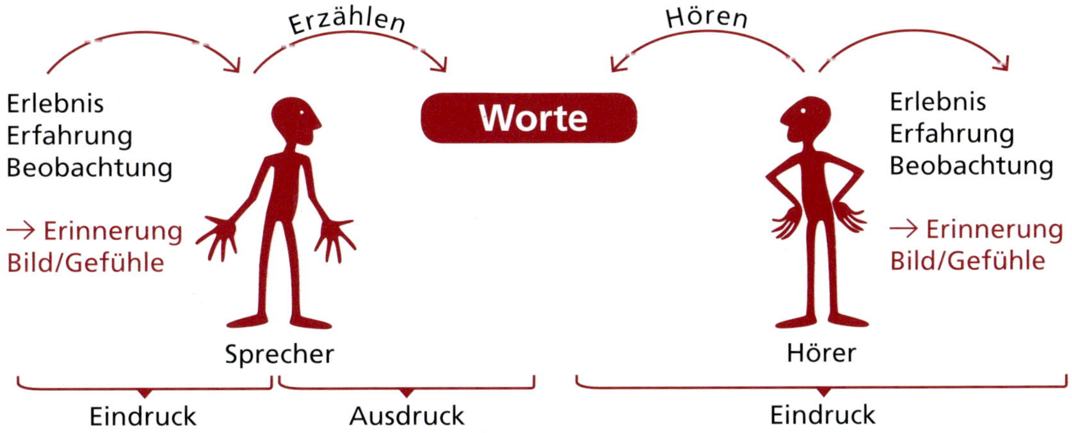

Die Stiefel des Katers

»Wie viele Geschichten haben Sie eigentlich in Ihrem Repertoire? Wie können Sie sich nur all das merken?«, fragen mich die Leute oft nach einem Erzählabend. Die Antwort darauf ist einfach: Ich kenne recht viele Geschichten, aber um sie mir zu merken, muss ich mir jede einzelne Schritt für Schritt »einverleiben«. Dazu male ich mir ein inneres – und zur Unterstützung oft auch ein äußeres – Storyboard und bringe eine Geschichte damit in eine bildhafte Ordnung. Diese Bilderfolge der wesentlichen Abläufe des Geschehens strukturiert meinen Text bzw. die Handlung, die ich erzählen will. Ich merke mir so gut wie keine Worte, ich merke mir Bilder. Diese betrachte ich dann in Ruhe, während ich erzähle.

Ich will es Ihnen am Beispiel des Märchens vom *Gestiefelten Kater* aus der Sammlung der Brüder Grimm verdeutlichen. Zu Beginn der Geschichte wird ein alter Müller krank und spürt, dass sein Ende naht. Vor seinem Tod möchte er das Erbe an seine drei Söhne verteilen. Als Hörer oder Leser der Geschichte möchte man natürlich wissen, was die drei Söhne von ihrem Vater bekommen. Wenn nun der jüngste Sohn vom Vater weder Geld noch Gut, sondern nur einen alten Kater erhält, wird man neugierig, wie es ihm mit diesem Erbe ergehen mag. Und wenn sich dann herausstellt, dass dieser Kater kein normaler Kater ist, sondern ein Tier, das auf zwei Beinen gehen und sprechen kann, ahnt man schon, dass dieses Erbe eine Überraschung birgt …
Das eine Geschehen ergibt sich logisch aus dem vorherigen. Auf diese Weise kann man eine Szene nach der anderen erzählen. Es sind nicht die Worte, die führen, sondern ein innerer Bilderfilm, bei dem man auch jederzeit vor- oder zurückspulen kann.

Ganz konkret könnte ein Storyboard zum Anfang dieses Märchens so aussehen: Das erste Bild zeigt einen alten Mann auf dem Totenbett, um das seine drei Söhne stehen. Auf dem zweiten Bild ist der Besitz des alten Müllers zu sehen – die Mühle, der Esel und der Kater –, und jedes wird einem der Söhne zugeordnet. Das dritte Bild könnte nun den enttäuschten jüngsten Sohn zeigen, der seinen Kater traurig betrachtet, während die beiden Brüder triumphieren. Auf dem vierten Bild fängt der Kater zu sprechen an, stellt sich auf die Hinterfüße und bittet um ein Paar Stiefel. So geht es weiter, bis Bild für Bild die ganze Geschichte entstanden ist.

Innere Bilder

Ein Wort, ein Satz, eine Textpassage, etwas auswendig Gelerntes – all das kann einem in der Aufregung entfallen. Innere Bilder aber verliert man nicht, denn sie sind fest verbunden mit einem Bild davor und einem Bild danach, einem Bild darüber und einem Bild darunter. Jedes Bild ist Teil eines ganzen Bildernetzwerks.

Innere Bilder kann man auf hunderttausend verschiedene Arten beschreiben, es gibt kein richtig oder falsch. Jeder Erzähler sieht seinen eigenen Film. So berichtet der eine Redner möglicherweise zuerst von den prachtvollen Stiefeln des Katers, die ihm auf eigenen Wunsch von einem Schuster angepasst werden. Ein anderer Erzähler lässt den Kater zuerst in die Welt hinausziehen, um erst später zu erwähnen, wie alle Leute auf der Straße den Kater anstarren – wegen der eleganten Stiefel, die er trägt. Und ein dritter Sprecher erzählt vielleicht sogar die gesamte Geschichte aus der Sicht dieser Stiefel, die dem redegewandten

Kater und damit letztendlich auch dem jüngsten Müllerssohn am Ende zu Ruhm und Ehre verhelfen. Es gibt kein richtig oder falsch, kein besser oder schlechter, kein zuerst dies und dann das, es gibt im Grunde genommen nur jede Menge innerer Bilder rund um den Kern einer Geschichte, die – genau betrachtet – in Worte gefasst und zu Gehör gebracht werden wollen.

Erzählen nach Bildern

Ich erinnere mich, wie eine Münchner Erzählkollegin sich einmal vorgenommen hatte, an einem Abend die ganze Geschichte von *Pinocchio* zu erzählen. Dies ist eine sehr lange Geschichte, in der jede Menge passiert. Obwohl meine Kollegin sehr viel Erzählerfahrung hat, wurde ihr vor dem Auftritt etwas mulmig. »Wie soll ich mir nur all das merken? Hoffentlich verliere ich den Faden nicht! Ich habe das Gefühl, ich habe alles vergessen …« Was ihr letztlich half, mit Selbstvertrauen auf die Bühne zu gehen und den *Pinocchio* ganz wunderbar und in seiner ganzen Länge zu erzählen, war allein die Konzentration auf das erste Bild der Geschichte und den dazugehörigen ersten Satz: »*Es war einmal ein Stück Holz.*« Aus diesen sechs Worten konnte sie dann Schritt für Schritt die ganze Geschichte des hölzernen Jungen zurechtschnitzen.

Das Erzählen nach Bildern funktioniert selbstverständlich nicht nur mit Märchen, sondern genauso mit Erzählstoffen aus dem Alltag. »Wenn einer eine Reise tut, so kann er was erzählen«, sagt der Volksmund. Wer von einer Reise erzählt, gestaltet einen Bilderfilm, der mit einer inneren Diaschau vergleichbar ist. Dieser Film braucht keineswegs mit der Abfahrt zu beginnen und mit der Rückkehr zu enden – im Gegenteil, das wäre ziemlich langweilig. Eine Reisegeschichte lässt sich auf verschiedenste Weise nach Bildern ordnen und wiedergeben. Sie können z. B. mit dem schrecklichsten Urlaubstag beginnen oder vom schönsten Erlebnis berichten. Sie können das Essen am Urlaubsort als roten Faden wählen und erzählen, welche abendlichen Köstlichkeiten jeweils das Highlight des Tages waren. Oder Sie können – wie es eine Freundin mir einmal beschrieb – die täglich neuen Formationen der Handtücher im Hotelzimmer als Leitgedanken wählen. Diese wurden in jenem Hotel von den Zimmermädchen jeden Vormittag auf ganz spezielle und kunstvolle Weise gefaltet – als Schwan, als Frosch, als Giraffe, als Elefant usw. Gestalten Sie einen guten inneren Kurzfilm aus Ihren Erlebnissen, und das Interesse Ihrer Zuhörer ist Ihnen gewiss!

Vom Anfang zum Ende

Es ist hilfreich für die Strukturierung eigener Erlebnisse, Grundstrukturen von Geschichten zu kennen. Die Erzähltradition liefert uns hierfür Beispiele. Solche Grundmuster der Erzählkunst sind als Leitfaden für jede Redesituation nützlich.

Die einfachste Struktur einer Geschichte gliedert sich ganz schlicht in Anfang, Mitte und Schluss. Dieses Grundmuster genügt bereits, um eine kleine Handlungseinheit wiederzugeben. *Ein Mann hatte eines Nachts einen seltsamen Traum. Er träumte, er werde in seinem Leben einmal einen großen Schatz finden. Auf verrückte Weise stieß er irgendwann tatsächlich auf einen Sack mit Gold. Da war sein Traum wahr geworden.* Anfang – Mittelteil – Schluss, und schon ist eine kleine Geschichte geboren. Ein bisschen genauer und damit natürlich auch für die Zuhörer interessanter wird die Angelegenheit, wenn man die

Gestaltung der Mitte weiter unterteilt, sodass man insgesamt fünf Teilabschnitte erhält:

1. Anfang
2. Motorisches Moment
3. Höhepunkt
4. Retardierendes Moment
5. Schluss

Mit diesen fünf Teilen lässt sich bei den meisten Geschichten die Kernhandlung ausreichend erfassen, um sie nacherzählen zu können. Für das Memorieren ist es nun entscheidend, zu jedem dieser fünf Abschnitte ein inneres – oder zusätzlich auch ein äußeres – Bild zu »malen«. Je genauer, desto besser. In meinen Kursen gebe ich den Leuten die Aufgabe, die Szene einer Geschichte mit Farbstiften zu Papier zu bringen. Manchmal regt sich da Widerstand. »Das ist doch kein Zeichenkurs!« – »Ich kann nicht malen!« – »Wozu soll das gut sein? Kann ich die Szene nicht einfach in Stichworten notieren?« Doch alle merken schnell – und Sie werden es auch spüren, wenn Sie es ausprobieren –, dass eine gezeichnete Gedächtnisstütze eine vollkommen andere Wirkung hat als eine Wortnotiz. Beim Zeichnen, Malen und Herumkritzeln formt sich neben dem äußeren ein inneres Bild, und Sie merken oft erst dann, worauf es in dieser Szene der Geschichte eigentlich wirklich ankommt. Gleichzeitig legen Sie sich noch nicht auf bestimmte Formulierungen und Sätze fest, sondern konzentrieren sich auf das Bild mit seinen wesentlichen Elementen. So ein Storyboard erinnert ein bisschen an die einfachen Höhlenzeichnungen früherer Menschen. Es ist eine ursprüngliche Form, eine Geschichte zu notieren.

Der Schatz unter der Brücke
Eine Geschichte über den Weg zum Wesentlichen

In einem kleinen Dorf in der Nähe von Breslau lebte einmal ein Mann in einem kleinen Häuschen mit roten Fensterläden und einer grünen Tür. Der Mann träumte eines Tages einen seltsamen Traum. Im Traum sprach eine Stimme zu ihm, die sagte: »Gehe nach Prag. Bei der Brücke dort liegt ein Schatz für dich versteckt.« Der Mann tat den Traum als Unsinn ab. Aber er träumte die nächste Nacht genau dasselbe noch einmal. Und in der dritten Nacht wieder. Und diesmal sagte die Stimme ganz laut und deutlich: »Gehe nach Prag. Bei der Brücke ist ein Schatz für dich versteckt.« »Na gut«, dachte sich der Mann. »Ich habe das jetzt dreimal geträumt. Ich werde also nach Prag reisen und nachsehen.«

Nach langer Fahrt erreichte er einige Tage später Prag. Er ging sofort zur großen Brücke und begann zu suchen. Er suchte auf der Brücke und neben der Brücke und mithilfe eines Bootes unter der Brücke. Das alles beobachtete ein Wachmann. Nach drei Tagen sprach der den Mann schließlich an: »Was machen Sie da? Ich beobachte Sie schon seit Tagen. Warum laufen Sie dauernd rund um diese Brücke?« Da erzählte der Mann ihm von seinem Traum.

»Was?«, lachte da der Wachmann. »Wegen eines Traumes sind Sie extra nach Prag gereist? Und suchen seit drei Tagen einen Schatz unter der Brücke? Was für ein Blödsinn, solchen Träumen zu glauben! Dann hätte ich ja auch schon längst verreisen müssen, denn mir träumte neulich mehrmals, dass ich in die Nähe von Breslau reisen sollte, zu einem kleinen Häuschen mit roten

Fensterläden und einer grünen Tür. Dort sei hinter dem Ofen ein Schatz versteckt.«

Als der Mann das hörte, ahnte er, wohin sein Weg führte. Er kehrte so schnell wie möglich nach Hause zurück. Dort sah er sogleich hinter dem Ofen nach. Und tatsächlich … da stand ein großer Sack voll Gold.

Handlungsbilder – in Bildern denken und leben

Oft muss man im Leben Umwege gehen, um einen Schatz zu heben. Was wäre wohl gewesen, wenn der Wachmann auf der Prager Brücke ebenfalls seinen Träumen gefolgt wäre? Wer von den beiden Männern hätte dann den Schatz hinter dem Ofen gefunden? Als ich die Geschichte einmal Kindern einer zweiten Klasse erzählte und mit ihnen über das Gehörte sprach, sagte ein Mädchen: »Der Wachmann ist doch nur die Schatzkarte für den Mann aus dem bunten Haus. Er hat ihm den Weg gezeigt.« Wer Kindern schon einmal Geschichten erzählt hat, weiß, wie sich bereits die Allerjüngsten jedes Detail genau merken und – wenn sie die Geschichte noch einmal hören – jede Veränderung, jedes Fehlen einer Einzelheit sofort kritisch anmerken. Kinder denken und leben in Bildern. Deswegen können Sie Geschichten so hervorragend nacherzählen. Diese Fähigkeit können wir als Erwachsene von ihnen – wieder – lernen. Sehen wir uns noch einmal die fünf Handlungsbilder des Storyboards vom »Schatz unter der Brücke« an:

Storyboard zum »Schatz unter der Brücke«

- Der erste Teil, die Einleitung, beschreibt die Ausgangssituation der Erzählung anhand folgender Fragen: Wer? Wo? Was? Also: Wer spielt eine Rolle in der Geschichte? Wo findet die Geschichte statt? Was ist die Ausgangslage? In unserer Geschichte ist dies das Häuschen des Mannes mit seiner grünen Tür und den roten Fensterläden. Und natürlich der Mann selbst.
- Der zweite Teil, das motorische Element, ist – wie der Name schon sagt – der Motor der Geschichte. Es kommt etwas in Gang, etwas Unerwartetes geschieht, oftmals eingeleitet durch Worte wie »eines Tages …«, »einmal jedoch …«, »doch dann …« u. Ä. Etwas Überraschendes passiert, meist zieht der Held in die Welt hinaus, von einer Sehnsucht, einem Wunsch oder einer Aufgabe getrieben, und dann bewegt sich die Geschichte Schritt für

Schritt in Richtung Höhepunkt. Die Spannung steigt. In unserer Geschichte ist der Traum der Motor, der den Mann motiviert, sich auf den Weg zu machen, um seinen Schatz zu suchen.

- Im dritten Teil, dem Höhepunkt, steigert sich die Spannung bis aufs Äußerste, der Drache wird besiegt, das Problem gelöst, der Schatz gehoben. Der Held erreicht einen Wendepunkt in seinem Leben. In unserer Geschichte ist der Höhepunkt das Gespräch mit dem Wachmann auf der Brücke. Hier löst sich das Rätsel, hier wird der Weg zum Schatz deutlich.
- Nun beginnt sich der Kreis zu schließen. Im vierten Teil, dem sogenannten retardierenden Abschnitt, macht sich der Held auf den Rückweg und muss auf diesem Weg oft nochmals Prüfungen bestehen und manchen Umweg gehen. Schließlich aber kehrt er an den Ausgangsort zurück oder findet sein neues Zuhause und Glück. In unserer Geschichte wäre dies der Rückweg des Mannes von Prag bis zu seinem kleinen Häuschen.
- Als letzter Teil folgt der Schluss, das Ende, die Auflösung des Geschehens. In Märchen ist dies oft eine Hochzeit. Und wenn sie nicht gestorben sind, dann leben sie noch heute ... In unserer Geschichte ist das Schlussbild die Entdeckung des Schatzes, der sich in der Küche hinter dem Ofen verbirgt.

Anhand der fünf zentralen Bilder können Sie nun die Geschichte mühelos nacherzählen. Sie werden feststellen: Je genauer Sie sich die Geschehnisse vorstellen, desto sicherer bewegen Sie sich in der Handlung. Sie müssen sich nichts merken. Folgen Sie einfach Ihrem Bilderfilm. Versuchen Sie, sich die fünf Teilabschnitte dieser Geschichte so detailliert wie möglich auszumalen. Die folgenden Fragen können Ihnen dabei helfen.

- Wie sieht das Häuschen des Mannes genau aus?
- Warum ist es wohl so bunt angemalt?
- Was ist das für ein Mann, der dort wohnt?
- Welches Verhältnis hat er zu seinen Träumen? Glaubt er an eine Bedeutung?
- Wie kommt er schließlich nach Prag? Zu Fuß, mit dem Pferd, mit einem Wagen …? Hat er Reisegepäck dabei?
- Was passiert auf der Brücke in Prag?
- Wie sucht der Mann nach seinem Schatz? Auf der Brücke, unter der Brücke, neben der Brücke …
- Was für ein Mensch ist der Wachmann? Wie sieht er aus?
- Wie verläuft das Gespräch zwischen den beiden Männern?
- Wie gestaltet sich der Rückweg des Mannes?
- Wie reagiert der Mann am Ende der Geschichte, wenn er den Schatz hinter dem Ofen findet? Ist er überrascht? Oder hat er den Fund erwartet?

Das Strukturprinzip der fünf zentralen Handlungsbilder lässt sich auch auf Alltagsgeschichten anwenden. Nehmen wir beispielsweise eine Reiseerzählung. Am Beginn sollte auch hier eine kurze Einleitung stehen, um die Zuhörer ins Geschehen einzuführen. »*Wie ihr wisst, sind Hans und ich letzte Woche nach Island geflogen …*« Dann – ganz wichtig! – der Motor der Geschichte, der die Zuhörer neugierig macht und etwas Besonderes, Spannendes, Erzählenswertes verspricht. »*Gleich am zweiten Urlaubstag ist uns etwas passiert, das glaubt ihr nicht. Niemals hätten wir so etwas erwartet. Ihr habt ja von dem aktiven Vulkan auf Island gehört, der, der dauernd in den Nachrichten kam, der mit dem komplizierten Namen …«* Beim Weitererzählen steigert sich die Spannung, und die Geschichte steuert langsam auf den Höhepunkt zu. *»Ja, wir sind dann mit einer geführten Wandertour mehrere Stunden aufgestiegen. Total anstrengend und furchtbar heiß war das. Als wir fast am Gipfel waren, floss plötzlich ein Schwall heiße Lava direkt neben unserem Wanderweg ins Tal …«* Anschließend gilt es, den Rückweg zu schildern. *»Panisch, dass der Vulkan wieder ausbrechen könnte, und von Kopf bis Fuß mit Staub bedeckt, rannten wir den Berg runter und zurück zum Bus …«* Und schließlich beenden Sie die Geschichte mit einem klaren Schlusspunkt. *»Ich habe zu Hans gesagt, dass ich nie wieder auf einen aktiven Vulkan steige!«*

Die Grundorientierung an einer bewährten Erzählstruktur verhindert, dass man sich in endlosen Schilderungen verliert oder unruhig von einem Detail zum nächsten springt. Die Struktur hilft, sich zu fokussieren und vor dem Erzählen zu überlegen: Was genau will ich von diesem Urlaub erzählen? Was könnte mein Gegenüber interessieren? Was möchte ich unbedingt mitteilen? Auf welches Kernerlebnis konzentriere ich mich? Wie baue ich die Erzählung auf? Weniger ist dabei oft mehr!

Geschichtenbauplan

Joseph Campbell, der große Erzähl- und Mythenforscher, hat mit seinem »Monomythos« ein noch genaueres Strukturmodell entwickelt, das sich auf fast alle großen Erzählstoffe anwenden lässt. Campbell zeigt, dass »der Held« in unserer Kulturgeschichte tausend Gestalten annehmen kann. Immer wieder und wieder erzählen sich die Menschen Heldenreisen nach demselben

Muster. Etwa die Geschichte von Prometheus, der zum Wohle der Menschen den Göttern das Feuer stahl. Oder die Abenteuer von Jason, der dem Drachen trotzte, um das goldene Vlies zu erlangen. Oder die berühmten Ritter der Tafelrunde, die auf der Suche nach dem heiligen Gral verschiedene Abenteuer erleben. Auch Pinocchio, der hölzerne Kerl, in seinem Streben, ein echter Junge aus Fleisch und Blut zu werden, beschreibt eine klassische Heldenreise. Nicht zu vergessen der sagenumwobene Odysseus, der zehn Jahre über das Meer irrt, bevor er schließlich heimkehren darf. Auch die Geschichte des jungen Zauberers Harry Potter, der den gefährlichen Lord Voldemort bekämpft und damit die Welt vom Bösen befreit, ist nach der Struktur des klassischen Heldenmythos aufgebaut. Joseph Campbell war überzeugt: Wenn die Grundstruktur einer Geschichte einem Menschen gegenwärtig ist, dann erkennt er auch ihre Relevanz für etwas, was ihm im eigenen Leben passiert. Aus diesem Grund ist es wichtig, dass die alten Heldengeschichten nicht in Vergessenheit geraten.

Vereinfacht könnte man die Stationen der Heldenreise folgendermaßen zusammenfassen:

1. Ausgangssituation des Helden
2. Sehnsucht/Wunsch/Problem/Motivation des Helden
3. Aufbruch in die Welt
4. Hindernisse und Helfer am Wegesrand
5. Herausforderungen/Kampf
6. Erfolgreich gelöste Aufgabe(n)/Erlösung
7. Rückweg mit Hindernissen und Prüfungen
8. Glückliche Heimkehr

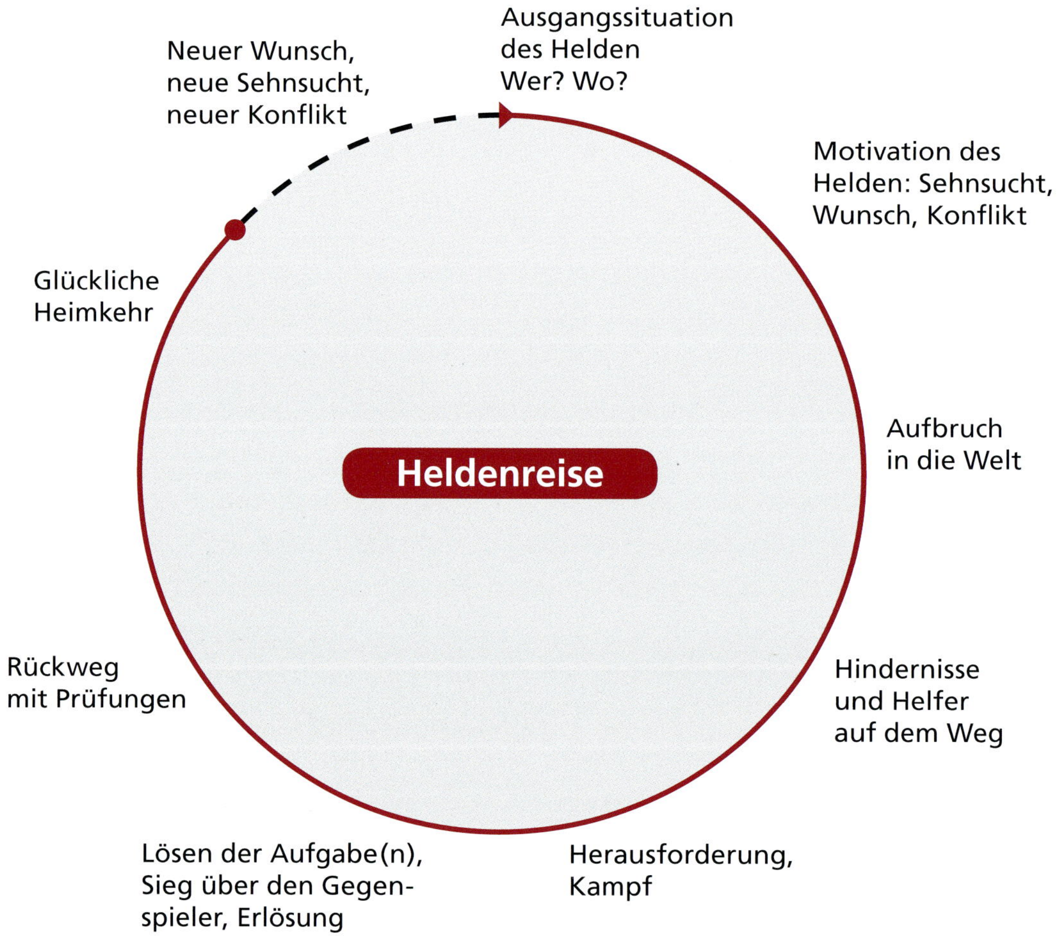

Die Handlungsstruktur – beispielsweise eine Heldenreise – bildet das Skelett einer Geschichte. Für den logischen Aufbau der Handlung leistet unsere linke Gehirnhälfte wichtige Dienste. Alles Wesentliche, was zum Kern einer Geschichte gehört, muss in der Struktur seinen Platz finden. Erst wenn das Gerüst steht, kommt die rechte Gehirnhälfte im wahrsten Sinne des Wortes ins Spiel und sucht nach anschaulichen und lebendigen Bildern.

Die inneren Bilder geben dem Knochengerüst Fleisch. Durch lebendiges, bildhaftes Erzählen wird das Skelett beatmet und mit neuen Kleidern ausgestattet. Je genauer der innere Bilderfilm, desto mehr geht einem Redner das, was er erzählt, in Fleisch und Blut über. Beide Gehirnhälften arbeiten zusammen. Der ganze Kopf und das ganze Wesen und Wissen eines Erzählers sind dann im Einsatz.

Den Faden verlieren

Viele Menschen haben Angst, mitten im Vortrag, in einer Rede oder in einer Geschichte den Faden zu verlieren. Man fürchtet einen Blackout, keiner will stumm, mit rotem Kopf und heißen Ohren vor seinen Zuhörern stehen. Darum scheint es der sicherste Weg zu sein, sich alles Wort für Wort aufzuschreiben und vom Manuskript abzulesen. Ein Text, schwarz auf weiß, verspricht Halt und Orientierung.

Allerdings geht dabei auch viel Spielraum für Spontanes und Improvisiertes verloren. Das Überraschende und Lebendige und auch der Redner selbst mit seiner augenblicklichen Präsenz haben keinen Raum. Die inneren Bilder werden in den Hintergrund gedrängt, das geschriebene Wort übernimmt die Führung. Schnell wirkt dann das Gesprochene trocken und spröde. Eigentlich sollten wir froh sein, wenn uns einmal der Faden reißt! In diesem Augenblick öffnet sich nämlich eine Fülle an Möglichkeiten, um mit den Zuhörern in Kontakt zu kommen. Auf einmal entsteht Raum für Überraschendes, beispielsweise einen Zuruf aus dem Publikum, ein gemeinsames Gelächter, einen witzigen Kommentar, eine Anteil nehmende Bemerkung, eine längst fällige Pause, eine neue Idee …

Was wir beim lebendigen Sprechen brauchen, ist beides: Struktur und Spiel. Form und Freiheit. Nur wenn beides seinen Platz bekommt, hat eine Erzählung Hand und Fuß – und Herz. Dies ist der Kern einer natürlichen Erzählkultur: feste Formen, um uns anderen mitzuteilen – und Freiheiten, um in der Mitteilung lebendig und kreativ zu bleiben. Der berühmte rote Faden verbindet alles miteinander. Er umspielt die freien Elemente und fasst die strukturierten Teile zusammen. Und wenn der Faden mal reißt, dann macht oft gerade der Knoten, der ihn wieder zusammenknüpft, eine Erzählung individuell und einzigartig. Am Ende ist jede Geschichte, jedes Gespräch, jeder sprachliche Ausdruck – frei nach Goethe – »geprägte Form, die lebend sich entwickelt«.

Spielfähigkeit – »Ich fühle mich lebendig!«

»Der Mensch ist nur da ganz Mensch, wo er spielt.«

(Friedrich Schiller)

Spielfähigkeit – »Ich fühle mich lebendig!«

Strukturiertheit ist notwendig, doch bisweilen eine trockene Angelegenheit. Sie ist jedoch nur die eine Seite der Erzählkunst. Wenn ich möchte, dass Menschen mir gern zuhören, muss ich dem, was ich sage, nicht nur Ordnung, sondern auch Lebendigkeit und Kreativität verleihen. Die Wirklichkeit könne man durch den Haupteingang betreten, vergnüglicher sei es allerdings, durch ein Fenster hineinzuschlüpfen, schreibt Gianni Rodari.

Das Schlüsselwort hier ist: vergnüglich. Es ist ein Unterschied, ob man von etwas erzählt oder berichtet. Wer berichtet, liefert Informationen und Fakten. Wer erzählt, sprengt die Grenzen des Berichts und bringt sich persönlich ins Spiel. Die reine Sachlage wird mit Gedanken, Gefühlen, Ideen und kleinen Anekdoten gefüttert. Worte, Ereignisse und Figuren geraten in Bewegung, die reale Sache wird umspielt, und etwas Neues, Überraschendes darf entstehen. Wer erzählt, schlüpft durchs Fenster hinein.

Das innere Kind, der innere Clown

Erzählen darf Spaß machen! Es sollte für Erzähler wie Zuhörer gleichermaßen ein Vergnügen sein. Kinder leben es uns vor: Quatschgeschichten, Unsinnsreime, Slapstickszenen – all das bringt die Kleinen dazu, sich auf dem Boden zu kugeln und sich den Bauch zu halten vor Lachen. Lebendigkeit entsteht durch freies Spiel, durch den Blick des inneren Clowns auf das Geschehen. Der Clown schaut immer durchs Hintertürchen auf die Wirklichkeit, staunt, wundert sich, lacht, erschrickt, stolpert und rappelt sich wieder auf. Der Clown macht wenig Worte, aber sein Gesicht und sein Körper sprechen Bände. Der Clown drückt Gefühle unmittelbar aus. Gerade deswegen ist er so liebenswert. Sieht man einem Clown zu, so denkt man nicht kritisch: Da übertreibt er jetzt aber! Das ist doch Blödsinn! Der erzählt mir doch Märchen! Warum bleibt er denn nicht bei der Wahrheit? Im Gegenteil: Man freut sich über den ungewohnten Blick auf Bekanntes und darüber, dass durch das Schlüsselloch der Hintertür vieles anders aussieht als beim Betreten durch das Hauptportal. Ich persönlich glaube, dass wir mehr Clownsqualitäten in unserer Kommunikation brauchen! Damit meine ich kein effekthaschendes Witzerzählen oder schlagfertiges Kabarett, sondern einen im Grunde ernsthaften und zugleich staunenden Blick auf das Geschehen.

Womit lässt sich das innere Kind begeistern? Wie lässt sich der innere Clown wach kitzeln? Der einfachste Weg hierfür ist das Spiel. »Der Mensch ist nur da ganz Mensch, wo er spielt«, schreibt Friedrich Schiller. Im Spiel wird das innere Kind lebendig, im Spiel gelten andere Regeln, im Spiel öffnen sich neue Möglichkeiten. Lassen Sie uns an dieser Stelle mit Worten und Geschichten spielen. Achtung: Sobald Sie ein leises inneres Kichern spüren, sind Sie auf dem richtigen Weg!

Mit Stimmungen spielen

Emotionen machen Geschichten lebendig. Es ist spannend, dieselbe Geschichte in verschiedenen Stimmungen zu beginnen. Sie werden schnell merken, wie sich die Emotion auf die inneren Bilder und damit auch auf die Handlung auswirkt. Ohne dass wir viel nachdenken müssen, bestimmt der emotionale Duktus die Fortsetzung einer Geschichte. Nehmen wir als Beispiel einen klassischen Märchenanfang:

Es war einmal ein König, der hatte drei Töchter. Die waren alle drei wunderschön. Die jüngste aber war die schönste.

Sprechen Sie diese drei Sätze ein paar Mal laut vor sich hin und probieren Sie dann, sie in verschiedenen Emotionen zu sagen: wütend, traurig, fröhlich, eifersüchtig, verliebt, böse usw. Versuchen Sie in einem zweiten Schritt, die Geschichte ganz spontan aus dem Sprechen heraus in der jeweiligen Emotion noch zwei bis drei Sätze weiterzuerzählen. Lassen Sie sich überraschen, welchen Fortgang das Märchen jeweils nimmt.

Es war einmal ein König, der hatte drei Töchter. Die waren alle drei wunderschön. Die jüngste aber war die schönste ... und deswegen warf er sie hochkant aus dem Schloss. Ha! (wütend)

Es war einmal ein König, der hatte drei Töchter. Die waren alle drei wunderschön. Die jüngste aber war die schönste ... und der König vergoss jeden Tag tausend Tränen, weil er ahnte, dass bald ein Prinz vorbeikäme, um sie zu heiraten. Er wollte seine Tochter aber nicht hergeben. (traurig)

Es war einmal ein König, der hatte drei Töchter. Die waren alle drei wunderschön. Die jüngste aber war die schönste ... und das freute den König so sehr, dass er jeden Tag ein großes Fest veranstaltete, auf dem seine Töchter in herrlichen Kleidern tanzten. Die jüngste drehte sich dabei am ausgelassensten im Kreis. (fröhlich)

Auch im Alltag lässt sich beobachten, dass die emotionale Gestimmtheit Einfluss auf die Geschichten hat, die man erlebt. An guten Tagen, an denen man innerlich lächelt und bester Dinge ist, entwickeln sich die Dinge positiv. Es begegnen einem freundliche Menschen, man setzt Pläne in die Tat um und ist zufrieden und glücklich. An schlechten Tagen wirkt sich die Miesepeter-Stimmung genauso auf das Geschehen aus. Vieles läuft schief, man ist unzufrieden und schlecht gelaunt. Die jeweilige Emotion beeinflusst das innere Bild, und dieses wiederum spiegelt sich in der Umwelt wider. Was für jede einzelne Geschichte gilt, trifft auch auf das Leben selbst zu.

Stop & Go in Geschichten

Lebendig und ausdrucksstark wird eine Geschichte nicht nur durch Emotionen, sondern auch durch Rhythmuswechsel und das Variieren des Tempos. Ich greife hier etwas voraus, denn das Thema »Rhythmus« wird uns später noch ausführlicher beschäftigen. Es gibt ein schönes Spiel, das die Spontaneität eines Erzählers hinsichtlich der Rhythmik trainiert und den Fokus auf die inneren Bilder lenkt. Ich nenne es das Stop-&-Go-Spiel. Nehmen wir als Beispiel dafür noch einmal die Geschichte vom »Schatz unter der Brücke« (siehe S. 81f.).

Setzen Sie sich für dieses Spiel mit ein paar Freunden zusammen und erzählen Sie ihnen die kleine Geschichte mündlich und frei, so, wie Sie sie in Erinnerung haben. Anschließend beginnen Sie dieselbe Geschichte ein zweites Mal zu erzählen, doch diesmal dürfen Ihre Zuhörer das Geschehen aktiv mitgestalten, indem sie an beliebigen Stellen STOP rufen. STOP heißt für Sie als Erzählerin oder Erzähler, dass Sie in der Handlung innehalten und die Szene, bei der Sie gerade angekommen sind, detailreich ausgestalten. Irgendwann rufen die Zuhörer GO. Das bedeutet für Sie als Erzählerin oder Erzähler, dass Sie – am roten Faden entlang – mit der Handlung fortfahren. Sie gehen also zum nächsten inneren Bild über und kehren von den Details zum Handlungsverlauf zurück.

Es war einmal ein Mann, der wohnte in der Nähe von Breslau in einem kleinen Häuschen mit bunten Fensterläden und einer grünen Tür.

STOP!

Dieses Häuschen war wirklich minimiminiklein und recht lustig anzusehen. Der Mann hatte irgendwann einmal die Fensterläden angestrichen, und weil noch grüne Farbe übrig war, hatte er die Tür damit angemalt. Der Mann lebte dort ganz allein.

GO!

Nun, eines Tages hatte dieser Mann einen seltsamen Traum.

STOP!

Er träumte eigentlich fast nie etwas, oder konnte sich zumindest morgens nicht mehr daran erinnern, was er geträumt hatte. Er glaubte auch nicht recht an Träume und war immer froh, wenn er nachts seine Ruhe hatte.

GO!

Aber in dieser einen Nacht, von der ich euch erzählen will, da erinnerte sich der Mann morgens an diesen seltsamen Traum. Eine Stimme hatte zu ihm gesprochen …

STOP!

Ja, eine ganz besondere Stimme. Er hatte sie noch nie vorher gehört. Sie war sehr tief, durchaus angenehm, aber auch ein bisschen herrisch im Tonfall.

GO!

Und diese Stimme sagte zu ihm: »Geh nach Prag zur Brücke, dort ist ein Schatz für dich versteckt!« Usw.

Probieren Sie es aus! Sie werden sehen, es macht viel Spaß, die inneren Bilder phantasievoll auszumalen, dabei aber den Handlungsverlauf im Blick zu behalten. Eine Geschichte bekommt auf diese Weise eine persönliche Färbung und geht dem Erzähler oder der Erzählerin in Fleisch und Blut über. Wenn Sie die Geschichte dann bei anderer Gelegenheit wieder erzählen, werden Sie auch ohne Stop-&-Go-Rufe sehr genaue Bilder im Kopf haben. Und selbst wenn Sie diese nicht alle in Ihre Geschichte einbauen, schwingt das innere Bild beim Reden mit. Und das merken nicht nur Sie als Erzähler, sondern auch Ihre Zuhörer.

Stop & Go im Alltag

Im Alltag kann das Stop-&-Go-Prinzip ein wichtiges Hilfsmittel in Gesprächen sein. Stellen Sie sich vor, jemand erzählt Ihnen von einem Erlebnis, und es gibt eine Situation, über die Sie gern mehr wissen würden. Jetzt sagen Sie STOP – z. B. indem Sie den Redner mit einer Frage unterbrechen. Der Sprecher wird Ihnen sicher gern mehr Details verraten. Andersherum rufen Sie GO, wenn sich der Erzähler in Einzelheiten verliert und Sie das Gefühl haben, dass er nicht auf den Punkt kommt. GO kann man indirekt sagen, indem man einhakt und fragt, wie die Geschichte schließlich ausgegangen ist oder worauf der Erzähler mit seiner Rede hinaus will.

Man kann STOP-Typen und GO-Typen unterscheiden. Beispielsweise bei Urlaubsschilderungen wird die unterschiedliche Berichterstattung deutlich. Jeder kennt die kurz gehaltenen Postkartengrüße, die kaum etwas aussagen: »Es geht uns gut. Wir genießen das Meer und baden jeden Tag. Das Essen ist auch gut. Viele Grüße.« Und auf der anderen Seite die stundenlangen Erzählungen von einer Reise, die kein Detail auslassen.

Manche Menschen muss man immer wieder einmal daran erinnern, im Tempo innezuhalten, langsamer zu werden und die Dinge etwas genauer zu beschreiben. Andere Menschen brauchen dagegen eher ein GO-Kommando, damit sie vor lauter Details und Einzelheiten den roten Faden und die Handlungsstruktur nicht aus dem Blick verlieren. Die meisten Menschen brauchen mal das eine und mal das andere Kommando, je nach Situation.

Manchmal verliert man das große Ganze aus dem Blick und verzettelt sich in den Einzelheiten des Lebens. Ein andermal rast man mit einem Affenzahn voran, erlebt ein Abenteuer nach dem anderen und vergisst, auch einmal stehenzubleiben und den Augenblick zu würdigen. Letztlich geht es sowohl im Reden als auch im Leben um einen stimmigen Rhythmus zwischen Stop & Go. Das Tempo des Lebens muss jeden Tag neu gefunden werden. Die Dynamik verändert sich von Augenblick zu Augenblick. Jeder Mensch ist gefordert, den Rhythmus (s)einer Geschichte immer wieder neu zu bestimmen.

GO-Sprecher bremsen

Wie kann man GO-Sprecher, die viel und schnell sprechen und mit zu hohem Tempo durch ein Gespräch rasen, bremsen und zum Innehalten bewegen?

- Den Sprecher auf seinen Atemfluss aufmerksam machen: »Hol mal Luft, du überschlägst dich ja förmlich vor Begeisterung! Ich bin vom Zuhören schon ganz außer Atem!«
- Durch Nachfragen zu bestimmten Details der Erzählung den Handlungsverlauf verlangsamen: »Warte mal, wie war das genau, als du dein Patenkind besucht hast, noch bevor du weitergefahren bist zu deinen Freunden in Stuttgart?«
- Aktiv »Stop« rufen: »Moment mal, stop, langsam, ich komme nicht hinterher. Du hast eine Menge erlebt, das kann ich nicht alles auf einmal aufnehmen.«
- Pausen einfordern: »Darf ich dich hier mal kurz unterbrechen? Ich finde, wir sollten eine kurze Pause einlegen. Danach kann ich wieder besser zuhören.«
- Den Sprecher in seine inneren Bilder und damit in die Langsamkeit bringen: »Wie genau sah euer Ferienhaus aus? Halt! Ich habe noch nicht wirklich vor Augen, wie ihr mit den Fahrrädern auf der Insel unterwegs wart. Welchen Weg seid ihr genau gefahren?«

STOP-Sprecher vorwärts bewegen

Wie kann man STOP-Sprecher, die gern langatmig werden, sich in Details verlieren und nicht auf den Punkt kommen, zum Fokussieren und Straffen der Handlung bewegen?

- Den Sprecher mit gezielten Fragen an den Ausgangspunkt der Geschichte erinnern: »Eigentlich wolltest du mir doch erzählen, warum dein Geburtstag für dich so schön war, und nicht, wie aufwendig die Vorbereitungen waren, oder?«
- Durch gezielte Nachfragen den Kern der Erzählung in den Blick rücken: »Du wolltest mir doch von dem besonderen Ausflug in Mexiko an eurem Hochzeitstag erzählen und nicht die gesamte Reise schildern.«
- Das lange Ausmalen der inneren Bilder unterbrechen: »Ich kann mir gut vorstellen, was du erlebt hast, ich sehe es genau vor mir. Jetzt würde mich aber interessieren, wie die Geschichte schließlich ausgegangen ist.«

Im Schlumperwald

Eine verstärkte Bildhaftigkeit im Erzählen erreicht man, wenn man sich von gewohnten Begriffen löst und mit Phantasieworten spielt. Im Improvisationstheater ist das sogenannte Gibberisch-Sprechen eine beliebte Übung. Dabei werden alltägliche Handlungen, einfache Szenen und Dialoge in einer unverständlichen Kauderwelschsprache gesprochen. Da die Worte gewissermaßen sinnentleert sind und fremd klingen, beginnen die Schauspieler beim Sprechen automatisch, mehr Nachdruck in den Gefühlsausdruck und die Betonung von Mimik und Gestik zu legen. Eine gute Übung, um einem inneren Bild – auch ohne verständliche Worte – lebendigen Ausdruck zu verleihen. Gute Geschichtenerzähler versteht man, auch wenn sie in einer fremden Sprache sprechen. Natürlich kann man als Hörer nicht jedes Detail der Erzählung nachvollziehen, aber Mimik, Gestik, Betonung und Ausdruck sind so stark, dass man der Handlung trotzdem folgen kann. Wieder wird deutlich: Worte sind »nur« eine Brücke in der Kommunikation, im Grunde geht es um das, was dahinter liegt: die Gefühle, die inneren Bilder, das individuelle Erleben!

Lesen Sie sich selbst oder einer anderen Person den Beginn der Geschichte *Im Schlumperwald* von Martin Auer laut vor und überlegen Sie dann für sich allein oder im Austausch mit anderen folgende Fragen:

- Welche Bilder haben Sie vor Ihrem inneren Auge gesehen?
- Worum geht es in dieser Geschichte?
- Wie könnte die Geschichte weitergehen?

Gestern war ich im Schlumperwald. O Gott, war das schrugl. Ich bin jetzt noch ganz zerbriselt davon. Der Wald war so schlumper, und alles war so schierlig, und ich ganz allein mittendrin. In der Ferne hab ich den Gmork haruchzen gehört, und die Zirrelise hat ganz grabl genötscht. Und rund um mich sind die ganze Zeit lauter kleine Zwinken herumgezirgelt, dass mir ganz zimpel davon geworden ist. Ich bin gegangen und gegangen, und der Wald ist immer schlumperer und schlumperer geworden. Und plötzlich steht vor mir ein Garlwocht. Ein richtig zumpler Garlwocht und plunkt mich an mit seinen girren Strugen. Jetzt ist's stragl mit mir!, hab ich mir gedacht. Der gurracht mich jetzt und dann bin ich krumpl. Aber er hat mich nur böse angeplunkt und ist davongehimpert.

Es sind nicht grammatikalisch korrekte Worte, die etwas Gesagtes lebendig werden lassen. Vielmehr geht es um ein klangvolles und stimmiges Bild. Wenn der Erzähler vor Augen hat, was er sagt, dann sieht es auch der Zuhörer – ganz gleich welches Kauderwelsch an sein Ohr dringt. Sobald Innenwelt und Außenwelt, also inneres Bild und ausgesprochenes Wort, in Verbindung stehen, entsteht automatisch das Gefühl von Stimmigkeit und Resonanz. Das schafft Vertrauen und Nähe. Klaffen Innen und Außen dagegen auseinander, herrschen Verwirrung und Verunsicherung. Beobachten Sie dies einmal bei ganz normalen Gesprächen im Alltag:

- Was ist notwendig, damit Sie ein stimmiges Bild bekommen?
- Woran liegt es, wenn Sie jemandem das Gesagte nicht recht abnehmen?
- Passen Wort, Bild und Gefühl zusammen, oder werden drei unterschiedliche Botschaften gesendet?

Perspektiven wechseln

In bekannte Geschichten lässt sich Bewegung bringen, indem man sie aus einer anderen Perspektive erzählt. Auch hier vertieft man die Bildhaftigkeit im Erzählen, denn jeder Bildbetrachter sieht das Geschehen mit anderen Augen. Erzählen Sie beispielsweise die Geschichte vom »Schatz unter der Brücke« (siehe S. 81f.) aus der Sicht des Wachmanns auf der Brücke. Dann aus der Sicht des kleinen Hauses mit den bunten Fensterläden. Und schließlich aus der Sicht der Brücke in Prag.

Seit dreißig Jahren bin ich schon Polizist in Prag. Seit zehn Jahren bewache ich die alte Brücke und regle dort den Verkehr. Einmal ist mir etwas Merkwürdiges passiert. Ich habe einen Mann beobachtet, der angefangen hat, mit einem Spaten Löcher in den Brückenboden zu stechen. Auch hat er die steinerne Brüstung abgeklopft und sich überhaupt sehr seltsam benommen. Nach drei Tagen habe ich ihn angesprochen …

Der Mann, der in mir wohnt, ist angenehm und sympathisch, aber auch ein bisschen langweilig. Tagein, tagaus macht er dieselben Dinge. Bis eines Tages. Da hat er auf einmal seinen Rucksack gepackt und ist fortgegangen …

Seit Jahrhunderten stehe ich am selben Fleck. Aber langweilig wird es mir nie. Denn auf mir ist immer etwas los. Auf mir sind schon unzählige Menschen von der einen Seite des Flusses auf die andere gebracht worden. Einmal – und daran erinnere ich mich noch gut – kam ein Mann und hat angefangen, mich ganz genau zu untersuchen …

Auch dieser Spielimpuls lässt sich auf das Erzählen im Alltag übertragen. Wechseln Sie auch hier einmal bewusst die Perspektive. Schildern Sie ein Alltagserlebnis aus der Sicht Ihres Hundes oder erzählen Sie, wie beispielsweise Ihre Füße den Tag erlebt haben … Oder versetzen Sie sich nach einem Streit mit einem Kollegen in diesen hinein und schildern Sie abends Ihrem Partner, was dieser Kollege wohl abends seiner Frau über den Streit mit Ihnen erzählen wird … Ein solcher Perspektivenwechsel kann viel zurechtrücken und manchmal auch interessante Einsichten bringen.

Der Froschkönig rückwärts
Eine Geschichte über das Spiel mit Bekanntem

Es war eine der schönsten Hochzeiten, die je gefeiert wurden. Die Tische waren mit Seerosen geschmückt, und die Braut trug eine wunderbare, aus Seegras geflochtene Krone auf dem Kopf. Die Grillen zirpten, die Frösche quakten. Kurzum, es war ein so romantischer Hochzeitsabend, wie man ihn sich nur wünschen kann. Schnell war vergessen, welche Tragödie dem Fest vorausgegangen war.

Im Schlafzimmer der Braut hatte sich am Abend zuvor eine hässliche Szene abgespielt. Voller Zorn und Ekel hatte nämlich die jüngste Tochter des Königs – eben jene, die jetzt die Brautkrone trug – ihren zukünftigen Gemahl mit aller Kraft gegen die Wand geworfen! Man wundert sich möglicherweise, wie das zugegangen sein soll, dass solch ein zartes, feingliedriges Mädchen so einen stattlichen, kräftigen Mann …

Nun, das lag daran, dass dieser Mann zu diesem Zeitpunkt eine andere Gestalt hatte. Er war ein dicker, grünbrauner, glitschiger, glibberiger Frosch mit Glupschaugen und nassen Füßen! Und wer will so einen schon in seinem Bett haben!? Allerdings hatte er sich keineswegs heimlich ins Schlafzimmer der Königstochter gestohlen, sondern ganz höflich am Schlosstor angeklopft – schließlich war er ein geladener Gast. »Quak, quak, Königstochter jüngste, hier bin ich, wie versprochen, mach mir die Türe auf.«

Die Königstochter saß beim Abendessen im Saal und hätte dem Frosch niemals geöffnet, wäre da nicht ihr Vater, der König, gewesen. Und der war ein Mann mit Grundsätzen: »Wenn du den Frosch eingeladen hast und ihm versprochen hast, die Tür zu öffnen, dann bitte ihn auch zu Tisch.« Da musste die Prinzessin gestehen, dass sie das Tier tatsächlich in ihrem Leichtsinn eingeladen hatte, denn am Vormittag desselben Tages hatte sie beim Spiel am Brunnen ihre goldene Kugel ins Wasser fallen lassen, und eben jener Frosch war ihr bei der Wiederbeschaffung behilflich gewesen.

Tja, und wäre das spielende Mädchen nicht gerade die jüngste Tochter des Königs gewesen, die so schön wie die Sonne selbst

war, so hätte sich der Frosch wohl nicht sofort in sie verliebt und auch nicht als Belohnung für die goldene Kugel ihre Liebe und Freundschaft gefordert.

All dies trug sich zu in den alten Zeiten, als das Wünschen noch geholfen hat.

Es war einmal …

Rhythmus –
»Ich spüre den Herzschlag einer Geschichte!«

»Im Atemholen sind zweierlei Gnaden:
Die Luft einziehn, sich ihrer entladen.
Jenes bedrängt, dieses erfrischt;
so wunderbar ist das Leben gemischt.«
(Johann Wolfgang von Goethe)

Rhythmus – »Ich spüre den Herzschlag einer Geschichte!«

Sender und Empfänger

In jeder Kommunikation gibt es einen Sender und einen Empfänger. Der eine sagt etwas, der andere nimmt das Gehörte auf. Damit jedoch das, was gesagt wird, auch beim Gegenüber ankommt, muss der Sendekanal stimmen. Wenn dieser nicht klar ist, rauscht es im Äther, und die Worte schießen am Ziel vorbei. Bestimmt kennen auch Sie Situationen, in denen jemand in einer größeren Runde über etwas redet, und keiner der Anwesenden reagiert oder hört wirklich zu. Niemand fühlt sich angesprochen, und der Sprecher läuft mit seinem Erzählversuch ins Leere. Oder denken Sie an das Klischee eines älteren Ehepaars am Frühstückstisch: Der eine Ehepartner verschwindet hinter der aufgeschlagenen Zeitung, während der andere versucht, ihm etwas mitzuteilen. Ohne Kontakt und beiderseitige Aufmerksamkeit kann kein Kanal entstehen, der Sender und Empfänger miteinander verbindet.

Soundbälle werfen

In meinen Erzählkursen übe ich das Senden und Empfangen mit sogenannten Soundbällen. Dazu stellen sich alle Teilnehmer im Kreis auf und werfen sich kreuz und quer durch den Raum einen Ball zu. Der Ball wird dabei bei jedem Werfen mit einem Geräusch versehen, etwa mit »Wuuuusch!« oder »Peng!« oder »Huuuiiiiii!« oder »Waff!«. Dabei ist es wichtig, darauf zu achten, dass der Ball mit einer eindeutigen Zielrichtung zu einem Mitspieler geworfen wird. Die Wurfrichtung muss ganz klar erkennbar sein, und das zugehörige Geräusch sollte mit der Bewegung übereinstimmen. Also: Nicht erst werfen, dann rufen, oder erst rufen, und dann werfen! Sondern den »Sound« zusammen mit dem Ball auf den Weg schicken. Dabei sollte auch der Rhythmus der Wurfbewegung mit dem Klang des Geräuschs in Verbindung stehen. Es gibt kurze, harte Bälle (»Waff!«, »Bum!«, »Zack!«) und lange, weiche Bälle (»Huuuiii!«, »Wuuuusch!«, »Juuuuuu!«) und viele weitere Varianten. Auch der Körper erzählt mit: Der Ball kann unterschiedlich kraftvoll durch die Luft geschickt, gerollt, durch die Beine geworfen, geprellt, geschoben oder gestoßen werden.

Ziel dieser Übung ist es, sich der klaren Ausgerichtetheit bewusst zu werden, die für jede Kommunikation wesentlich ist. Man spürt, wie leicht ein Ball ins Aus geht, das Gesagte sein Ziel also nicht erreicht. Und man spürt auch, wie sich mit dem Üben und Ausprobieren immer mehr überraschende Varianten und ungeahnte Möglichkeiten auftun. Die Ideen, der Spaß, die Klarheit, die Gezieltheit – all das kommt nach und nach ins Fließen, und plötzlich erkennt man: Ja, es sind viele Botschaften im Raum, und wenn sie klar gesendet werden, kommen sie beim Gegenüber an!

Jeder »Sound«, egal ob laut oder leise, kurz oder lang, zwingt den Absender dazu, beim Wurf des Balls aktiv auszuatmen. Mit der Atemluft, mit dem Ton und mit der Wurfbewegung wird so eine Botschaft zu einem Mitmenschen geschickt. Über Blickkontakt muss dabei zunächst sichergestellt werden, für wen die Nachricht bestimmt ist und ob der Empfänger auch bereit steht. Dann wird Luft geholt, die Aufmerksamkeit gesammelt, das Ziel angepeilt, mit Kraft und Klarheit geworfen und dabei tönend ausgeatmet. So und nicht anders erreicht der geworfene Soundball sein Ziel.

Aktiver Empfänger

Doch nicht nur der Sender muss konzentriert und bewusst agieren. Auch der Fänger des Balls hat einen aktiven Part. Er reagiert nämlich nicht nur auf das Signal, dass dieser Ball für ihn bestimmt ist, sondern er muss während des gesamten Wurfvorgangs präsent bleiben. Er folgt dem Ball mit den Augen, er hört das zugehörige Geräusch, und er fängt das Wurfgeschoss im Idealfall mit derselben Klarheit und Kraft, mit der es losgeschickt wurde.

Und in dem Moment geschieht etwas Entscheidendes: Der Empfänger wiederholt den Sound noch einmal, sobald er den Ball gefangen hat. Damit hat es Folgendes auf sich: Erst in dem Moment ist nämlich sichergestellt, dass das Geräusch auch wirklich angekommen ist, dass es beim Zuhörer Raum bekommt und nicht zum einen Ohr hinein- und zum anderen gleich wieder hinausgegangen ist.

Zugleich bekommt der Werfer des Balls damit die Rückmeldung: Ja, meine Botschaft ist angekommen, es ist gehört worden, was ich gesagt habe. Und nun erst wird der Empfänger des Soundballs zum neuen Sender, der den nächsten Ball in die Runde schickt. Er lässt ein neues Geräusch in sich aufsteigen, sucht mit den Augen ein neues Gegenüber, sammelt Luft, Kraft und Klarheit und sendet dann den Ball mit dem Ausatmen und einem neuen Ton in die Runde.

Ein einfaches Wurfspiel dient hier als Spiegel für Grundmuster der Kommunikation. Sehr schnell wird in einer solchen Runde deutlich, wo es hakt, warum manche Nachrichten nicht ankommen, und was erforderlich ist, um das Senden und Empfangen im Gespräch gelingen zu lassen. Jeder ist in dieser Runde Sender und Empfänger, jeder atmet ein und aus, jeder schickt Botschaften in den Raum und nimmt Nachrichten auf. Wenn die Kommunikation gelingt, entsteht dabei ein gleichmäßiger, fließender Rhythmus von Geben und Nehmen.

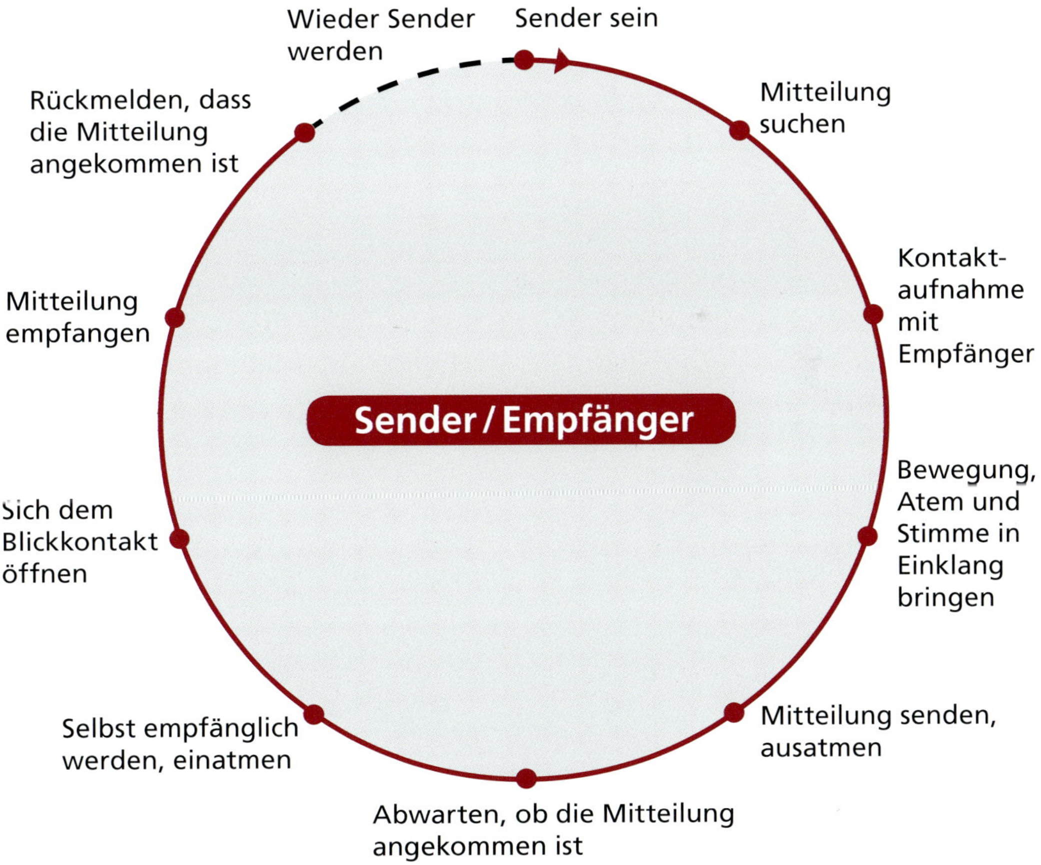

Erzählen ist ausatmen

Unser menschlicher Grundrhythmus wird vom Atem getragen. Ein und aus – und Pause. Ein und aus – und Pause. Ein und aus – und Pause. Erzählen geschieht mit dem natürlichen Atemfluss. Auf diese Weise geht es mühelos und ohne Anstrengung in der Stimme vonstatten. Der Atem fließt nebenbei. Mimik und Gestik reihen sich dabei ebenso natürlich in den Ausdruckstanz ein wie die Worte. Erzählen ist ausatmen. Nicht einatmen und vor Aufregung die Luft anhalten, sondern hinausströmen lassen – und dann eine Pause machen, um erneut Luft zu holen. Dieser Rhythmus ist mit der Bewegung des Wassers vergleichbar. So, wie die Wellen kommen und gehen, strömt auch der Atem. Es ist sicher kein Zufall, dass wir viele Begriffe und Redewendungen sowohl für das Atmen und Reden als auch für die Bewegung des Wassers verwenden: Der Atem und das Wasser strömen, fließen, stauen sich oder stocken. Jemand sprudelt wie ein Wasserfall. Ein Gespräch ist im Fluss, schlägt hohe Wogen oder plätschert einfach so dahin. Kommunikation ist rhythmisch. Jede Geschichte, jeder Erzähler, jede Situation hat ihren eigenen Rhythmus. Und es ist der Atem, der letztlich alles trägt.

Heiß und kalt
Eine Geschichte über die Kraft des Atems

An einem klirrend kalten Wintertag gesellte sich einmal ein kleines verhutzeltes Männchen zu einem Holzfäller und sah ihm bei der Arbeit zu. Immer wieder hielt der Mann beim Holzhacken inne und blies in seine Hände. »Was tust du da?«, fragte das Männchen erstaunt. »Ich taue meine erfrorenen Finger mit dem warmen Atem auf«, antwortete der Holzhacker dem kleinen Wicht.

Später, als die Arbeit getan war, kehrte der Holzfäller nach Hause zurück und kochte sich einen heißen Brei. Das kleine Männchen war ihm gefolgt und beobachtete verwundert, wie der Holzfäller auf den heißen Brei blies, bevor er den Löffel in den Mund schob. »Wie? Ist dir das dampfend heiße Essen noch nicht warm genug, sodass du mit dem Atem draufpustest?«, rief es. »Aber ich kühle den heißen Brei doch mit meinem Atem ab«, lachte der Holzfäller.

»Verschone mich mit deinem Zauber!«, sagte da das kleine verhutzelte Männchen. »Ich will gar nicht wissen, was du noch alles mit deinem Atem tun kannst.« Und es verschwand auf Nimmerwiedersehen im Wald.

Formeln und Zahlen

Zur Rhythmik in Geschichten gehören das Tempo (schnell/langsam), der Ton (laut/leise, hoch/tief), die jeweilige Satzmelodie, aber auch bestimmte sprachliche Formeln und Wiederholungen. Besonders bekannt ist die Dreizahl im Märchen. Häufig sind es drei Söhne oder drei Töchter, die in die Welt hinausziehen. Dreimal wiederholt sich derselbe Weg, wobei die ersten beiden Suchenden an den Herausforderungen scheitern, der oder die Jüngste aber schließlich das Ziel erreicht.

Mein Vater erzählte mir, dass ich als Kind, als er mir regelmäßig Märchen vorlas, schon nach kurzer Zeit zu ihm sagte: »Papa, den zweiten Sohn kannst du weglassen, das ist langweilig. Da passiert genau das Gleiche wie beim ersten. Erzähl mir gleich, was dem Jüngsten passiert ist.« Die Drei, die Sieben oder auch die Zwölf sind Zahlen, die in der abendländischen Erzählkultur fest verankert sind. Die sieben Schwaben ziehen mit ihrem Spieß durch die Welt, sieben Söhne werden in sieben Raben verwandelt, Schneewittchen wandert zu den sieben Zwergen hinter den sieben Bergen und das tapfere Schneiderlein erlegt sieben Fliegen auf einen Streich. Zwölf Monate hat das Jahr, so stark wie zwölf Männer ist Siegfried in der Sage der Nibelungen, zwölf Arbeiten muss Herkules verrichten.

Zahlen- und Sprachformeln ordnen das Geschehen, und Ordnung gibt Sicherheit. Formelhaftigkeit schafft Entspannung und Vertrauen. Der oder die Zuhörer lassen sich ein, wenn sie die Worte »Es war einmal …« hören. Sie wissen, dass sie nun eintauchen dürfen in eine Märchenwelt, sie fühlen sich geborgen und gehalten von einem Rahmen, der ihnen vertraut ist. Besonders bei Kindern spürt man, wie sehnlich sie auf bestimmte Formeln warten. Erst dann scheint ihre Welt in Ordnung zu sein, die Entspannung perfekt. In jedem Kasperltheater lässt sich erleben, mit welcher Begeisterung die kleinen Besucher auf die Frage »Seid ihr alle da?« mit einem inbrünstigen »Ja« antworten. Jedes Kind kennt die Formel, jedes Kind weiß, was zu tun ist, und genau von diesem Moment an sitzen sie alle im selben Boot, schließen sich zu einer Hörergemeinschaft zusammen und öffnen sich für die Geschichte. Dasselbe gilt für das Ende: Nach dem berühmten Schlusssatz: »Und wenn sie nicht gestorben sind, dann leben sie noch heute« kann jeder Erzähler beruhigt den Mund schließen und seine Zuhörer zurück in die Realität entlassen. Doch man sollte sich nicht täuschen: Nicht nur Kinder genießen diese vertrauten Formeln. Auch Erwachsene sehnen sich nach Ritualen, die Gesprächssituationen klar umgrenzen.

In Alltagsgesprächen fehlen solche festen Formeln in der Regel. Gerade hier würde es aber guttun, wenn Anfang und Ende deutlicher markiert wären. Stellen Sie sich vor, es wäre üblich, immer nachdem man etwas Längeres erzählt hat, zu sagen: »Schnipp, schnapp, schnaus, meine Rede ist jetzt aus!« oder: »Da läuft eine Maus, meine Geschichte ist aus!« Jeder wusste dann, woran er ist, und die Konzentration, die beim Zuhören entstanden ist, würde in ein entspanntes Ausatmen münden.

In anderen Kulturen, beispielsweise im Orient, in Afrika oder auch in indianischen Gemeinschaften, gibt es das Ritual einer Wechselrede zu Beginn einer erzählerischen oder auch musikalischen Darbietung. Der Sprecher bzw. Musiker tauscht dabei ritualisierte Sätze mit seinen Zuhörern aus und versichert sich auf diese Weise, dass alle bereit sind, die Ohren zu spitzen und sich mit Leib und Seele auf das Kommende einzulassen. Erst nach dieser »Aufwärmphase« beginnt die eigentliche Erzählung oder das Konzert. Wem dieser Brauch nicht vertraut ist, mag ungeduldig werden und das Hin und Her der Worte als langatmig und überflüssig empfinden. Letztlich sind aber genau diese wiederkehrenden Formeln entscheidend, damit sich Erzähler und Zuhörer auf einen gemeinsamen Rhythmus einschwingen. Ebenso wie Sprachformeln sind auch das Anzünden einer Kerze, das Ausschenken einer Tasse Tee oder der Ton einer Klangschale Möglichkeiten, die Aufmerksamkeit zu bündeln und Menschen einzustimmen, sich auf ein Gespräch einzulassen.

Struktur und Spiel

Die Erzählqualität des Rhythmus bringt die beiden bereits beschriebenen Qualitäten Struktur und Spiel zusammen. Im Rhythmus ist beides vorhanden. Jede Komposition braucht eine klare Form und zugleich Freiräume für Variationen und überraschende Wendungen. Eine gute Rede ist wie ein Musikstück. Sie hat ein bestimmtes Thema, kennt Wiederholungen und Tonfolgen, spielt und variiert diese in unterschiedlicher Weise und endet schließlich häufig mit dem Grundton, der den Kreis schließt und Anfang und Ende miteinander verbindet. Rhythmus spielt mit Harmonien und Dissonanzen, mit Höhen und Tiefen, mit dem Tempo. Rhythmus kennt Gleichschritt und Chaos. Rhythmus ist der individuelle Herzschlag einer jeden Geschichte.

Die Stop-&-Go-Übung (siehe S. 95ff.) ist auch eine hervorragende Rhythmusübung. Sie bringt die rechte und linke Gehirnhälfte in einen intensiven Austausch, denn es geht um den ständigen

Wechsel von Wort zu Bild und von Bild zu Wort. Mal verweilt man eine Weile in der inneren Bilderkammer (STOP) und verlangsamt das Tempo. Dann heißt das Kommando plötzlich wieder GO, und die Worte müssen schnell und gezielt kommen und die Handlung vorantreiben. Struktur und Spiel sind im Gespräch wie Standbein und Spielbein. Wer beim Reden nicht sicher auf seinem Standbein ruht, wirkt nervös und verliert irgendwann den Faden. Wer jedoch sicheren Halt hat, kann rundherum mit seinem Spielbein improvisieren und Pirouetten schlagen. Für einen ausdrucksvollen Tanz mit Worten braucht man beide Beine!

Mit Worten tanzen

Erzählen und Tanzen haben vieles gemeinsam. Menschen kommen in einen Dialog. Erzähler und Zuhörer sind einem Tanzpaar vergleichbar. Der eine führt, der andere spürt, und gemeinsam formt sich dabei etwas Neues, Eigenes, Schöpferisches. Im Tanz ist es die Musik, die ein Paar miteinander verbindet, im Erzählen ist es die Geschichte. Das gemeinsame Lauschen, das Hineinspüren, das Mitschwingen, das Weiterphantasieren – all das inspiriert Tänzer wie Redner.

Im argentinischen Tango lässt sich die Kommunikation über den tanzenden Körper vielleicht am eindrücklichsten beobachten. Dieser Tanz entstand um 1900 in den verarmten Hafenvierteln von Buenos Aires und erzählt in besonderer Weise seine eigene Geschichte. Eine einfache Grundform an Schrittkombinationen wird von Mann und Frau im Tanz gehend und drehend unendlich variiert und interpretiert, sodass sich mit jeder Begegnung und jedem Tangostück eine einzigartige Kommunikation entspinnt. Auch hier geht es, wie beim Wechseln von Worten, wesentlich um Senden und Empfangen, um Sprechen und Zuhören, um den gemeinsamen Kanal und das Gestalten einer Geschichte. Die Frau lauscht dem Mann und seinen Führungsimpulsen. Der Mann lauscht der Frau und ihren Antworten und Interpretationen. Beide aber lauschen der Musik, den Tönen und Rhythmen und formen daraus ihr eigenes Bild.

»Wenn du sprechen kannst, kannst du auch singen. Wenn du gehen kannst, kannst du auch tanzen«, sagt ein indianisches Sprichwort. Singen und Tanzen als schöpferisch-kreative Fortführung des normalen Sprechens bzw. Gehens bedeutet eine Intensivierung der Kommunikation. Mehr Bewegung, mehr Ausdruck, mehr Rhythmus. Es entsteht eine größere Palette an Möglichkeiten, eine umfangreichere Klaviatur, auf der gespielt werden kann. Wer singt und tanzt, atmet das Leben in seiner ganzen Bandbreite. Er spürt den Herzschlag seiner Geschichte!

Authentizität – »Ich überzeuge mit dem, was ich bin!«

»Für die Zuhörer gibt es nichts Schlimmeres
als einen unglaubwürdigen Erzähler –
einen, der so tut als ob.«
(Rafik Schami)

Authentizität – »Ich überzeuge mit dem, was ich bin!«

Wer Wesentliches erzählt, zeigt dabei etwas von seinem Wesen. Manchen Menschen hört man zu und ist begeistert. Und wenn man fragt, was genau es ist, was ihr Reden so sympathisch macht, dann heißt es häufig: »Er oder sie ist so authentisch!« Aber was bedeutet das eigentlich – Authentizität? Woran merke ich, dass ein Mensch authentisch ist?

Sich selbst vertrauen

Authentizität ist nichts Gemachtes, nichts Aufgesetztes, kein Rollenspiel, sondern ein Ausdruck, der von innen kommt. Wenn jemand ganz bei sich ist, auf seine Intuition, seine Impulse, sein ureigenes Wesen vertraut, dann ist er authentisch. Dieser natürliche Ausdruck gelingt am besten in Situationen, in denen man entspannt ist und nicht weiter über sich nachdenkt. Wenn man die Kontrolle abgibt und man das zulässt, was ganz von selbst von innen nach außen kommen will. Es geht um Natürlichkeit, um die eigene Natur, um das eigene Wesen.

Wie oft glauben wir, wir müssten anders sein, als wir sind! Wir strengen uns mächtig an, anderen zu gefallen und den vermeintlichen Erwartungen zu genügen – gerade auch in Gesprächen. Wir versuchen, mit unserem Wissen zu glänzen, wollen mit unserer Ausdrucksfähigkeit überzeugen oder andere mit unserer Schlagfertigkeit beeindrucken. Gern verstecken wir uns dafür hinter einer Rolle und zeigen uns nicht so, wie wir wirklich sind. Es erfordert Mut, persönlich zu werden.

Den eigenen Ausdruck finden

Wer etwas von sich selbst erzählt, kann nicht aus seiner Haut schlüpfen. Es gibt keine Maske, die ihn verbirgt, kein Kostüm, das verhüllt, keinen Scheinwerfer, der nur bestimmte Seiten beleuchtet. Wenn man (s)eine Geschichte erzählt, ist man nackt, offen, angreifbar.

Darum ist es wichtig, seine Stimme, seine Sprache und seinen Körperausdruck gut zu kennen und vor allem auch wertzuschätzen. Ich erlebe in meinen Erzählkursen immer wieder, dass sich Menschen beispielsweise wegen ihres muttersprachlichen Dialekts schämen. Sie wollen perfektes Hochdeutsch sprechen und glauben, nur dann käme das, was sie sagen, bei anderen an. Dabei ist es in einer natürlichen Erzählkultur genau andersherum: Freuen Sie sich, wenn Sie einen Dialekt sprechen! Es gibt kaum einen authentischeren Ausdruck als einen Dialekt, den man von Kindesbeinen an gehört und gesprochen hat. Dialekte sind erdverbunden und unmittelbar. Sie kommen direkt aus dem Herzen und kennen Worte, die man in der Hochsprache vergeblich sucht. Ich selbst bin ein Münchner Kindl ohne Dialekt. Ich wuchs zwar in München auf, aber in einer Familie, die Norddeutsch spricht. Daher habe ich fast keine bayrische Sprachfärbung. Im Herzen fühle ich mich dem Bayrischen sehr verbunden, meine Wurzeln sind in München, und dennoch ist mein authentischer sprachlicher Ausdruck hochdeutsch. Ob Dialekt oder nicht: Entscheidend ist, dass man die Sprache für sich findet, die von innen kommt und in der man sich zu Hause fühlt.

Ein wesentliches Element des authentischen Ausdrucks ist auch die Gestik, die das Sprechen untermalt. Gerade beim lebhaften

Erzählen sind die Hände aktiv beteiligt. Auch hier geht es nicht um einstudierte Gesten, sondern um den natürlichen Tanz der Hände in der Luft, wenn wir einem Gegenüber etwas anschaulich machen wollen. »Das Erzählen ist ja, seiner sinnlichen Seite nach, keineswegs ein Werk der Stimme allein«, schreibt Walter Benjamin. »In das echte Erzählen wirkt vielmehr die Hand hinein, die mit ihren in der Arbeit erfahrenen Gebärden das, was laut wird, auf hundertfältige Weise stützt.« Für Benjamin ist das Erzählen eine »handwerkliche Form der Mitteilung«. Für ihn haftet an einer Erzählung »die Spur des Erzählenden wie die Spur der Töpferhand an der Tonschale«.

Hände sind (auch) zum Reden da. Die meisten Menschen empfinden Sprache und Handbewegung als zusammengehörig. Darum ist es so entscheidend, dass wir uns in Gesprächen möglichst gegenüberstehen oder -sitzen. Nicht nur wegen des Blickkontakts, sondern auch wegen der Sprache unserer Hände. Dazu eine kleine Anekdote aus der Zeit, als in einem einsamen Bergdorf das erste Telefon installiert wurde. Es heißt, dass dem Postvorsteher damals die Bedienung des Apparats folgendermaßen erklärt wurde: »Mit der linken Hand hältst du den Hörer, und mit der rechten Hand wählst du die Nummer. Verstanden?« – »Ja, schon«, erwiderte da der Postvorsteher. »Aber welche Hand bleibt mir dann zum Reden?«

Sinneskanäle öffnen

In diesem Kapitel geht es um das Vertrauen in die eigenen inneren Bilder, in die eigenen Gefühle, die eigene Sprache und den eigenen Körper. Es geht darum, seine persönliche Wahrnehmung und seinen Ausdruck wertzuschätzen. All das, was ich höre, sehe, rieche, schmecke und fühle, ist mein Bild von der Welt. Und genau diese Wahrnehmung ist mitteilenswert, und zwar in genau meiner Art und Weise. Niemand anderes hat dieselbe Empfindung. Niemand anderes findet denselben Ausdruck. Jeder überzeugt am meisten mit dem, was er im Innersten ist.

Um Selbstvertrauen zu erlangen, hilft es, sich seiner Sinneswahrnehmungen bewusst zu werden. Wir kennen fünf Sinnesorgane, die uns die Welt über die Augen, die Nase, die Ohren, den Mund, die Hände und die Haut von außen nach innen erschließen. Jeder Mensch nimmt die Welt auf verschiedenen Kanälen wahr. Die meisten Menschen haben jedoch einen Sinneskanal, der dominiert.

Für das Erzählen ist es interessant, seine sensorischen Präferenzen zu kennen. Sehen Sie die Welt vor allem visuell, also über die Augen? Oder sind Sie der auditive Typ, der viele akustische Signale empfängt? Vielleicht ist bei Ihnen der Geruchssinn besonders ausgeprägt? Oder der kinästhetische Bereich, also das Erfühlen der Umgebung mit Hand und Fuß und Haut?

Wahrnehmung über die fünf Sinne

Augen	Sehen	Bilder	Visuell
Ohren	Hören	Geräusche	Auditiv
Nase	Riechen	Gerüche	Olfaktorisch
Mund	Schmecken	Geschmack	Gustatorisch
Haut/Hände	Fühlen	Berührung	Kinästhetisch

Die sensorische Präferenz eines Menschen spiegelt sich in seiner Sprache. Es ist nicht schwer, die eigene Präferenz herauszufinden. Man muss dafür lediglich die Verben, Adverben und Adjektive beobachten, die man verstärkt beim Reden verwendet. Obwohl natürlich jeder Mensch Wörter aus allen Sinnesbereichen einsetzt, stützt sich jedes Individuum doch meist auf einen Kanal mehr als auf die anderen.

Um Ihre sensorische Präferenz herauszufinden, bitten Sie einen Freund oder eine Freundin, Ihnen für fünf bis zehn Minuten ganz genau beim Sprechen zuzuhören und dabei gezielt auf die Handlungswörter und Adjektive zu achten. Falls Sie keinen Partner für diese Übung finden, können Sie sich auch selbst auf Tonband aufnehmen, um dann im Anschluss die verwendeten Wörter zu untersuchen. Am besten ist natürlich eine Situation, in der Sie nicht darüber nachdenken, worüber Sie sprechen, sondern einfach ungezwungen drauflosplappern. Vielleicht kann Ihnen Ihr Partner ein Stichwort geben, damit Sie sich vorher nichts »zurechtlegen«. Wenn Sie ein visueller, auditiver oder kinästhetischer Typ sind, benutzen Sie beispielsweise folgende Wörter vermehrt:

Sprachpräferenzen der Wahrnehmungstypen

Visuell

Sehen, beobachten, fokussieren, klar, funkeln, strahlen, glänzen, schimmern, glühen, Farben, bunt, hell, dunkel, sich ein Bild von etwas machen, Färbungen, visualisieren, sieht aus, widerspiegeln, verschwimmen …

Sprachpräferenzen der Wahrnehmungstypen

Auditiv

Kichern, eine Meinung äußern, laut sprechen, hören, zuhören, Geräusche, aufdrehen, Gebrüll, poltern, krachen, pfeifen, knistern, bellen, schreien, laut, leise, knallen, Stimme …

Kinästhetisch

Greifen, halten, berühren, sich wohlfühlen, unbequem, bequem, schmerzhaft, verletzen, schwer, leicht, weich, kalt, warm, empfindlich, blockiert, näher kommen, gehen, laufen, loslassen, festhalten, entspannt, aufgeregt …

Sehen, hören, riechen, schmecken, fühlen

Die unterschiedlichen sensorischen Präferenzen wirken sich auf die Kommunikation aus. Jeder Mensch empfindet anders und öffnet sich anderen Sinneseindrücken. Dasselbe Erlebnis wird deswegen von verschiedenen Menschen ganz unterschiedlich aufgenommen und dieselbe Geschichte ganz unterschiedlich erzählt. So hört der eine beim Märchen *Der Froschkönig* deutlich das Platschen, wenn die Kugel der Prinzessin in den Brunnen fällt, und dazu das laute Gequake des Froschs. Ein anderer sieht das Goldhaar der schönen Königstochter im Sonnenlicht glänzen, die dunklen Schatten des Waldes und die hervorquellenden Glupschaugen des Froschs am Brunnenrand. Wieder ein anderer schmeckt die Speisen, die der Frosch vom Teller der Königstochter isst. Und noch ein anderer fühlt die kalten Marmorstufen der Treppe, die zum Schloss hinaufführen, und den glibberigen, nassen Frosch im Bett der schönen Prinzessin …

Ich erinnere mich noch an eine Teilnehmerin in einem meiner Seminare: Es dauerte nicht lange, da fiel auf, dass in ihren Geschichten Gerüche eine ganz besondere Rolle spielten. Egal wovon sie erzählte, immer gab es Düfte von Blumen oder exotischen Speisen, von Erde und Regen, die Luft roch im Urlaub nach Meer oder Flieder, und die Wände der Häuser, von denen sie sprach, verströmten den Geruch von frischer Farbe. Es war eindeutig: Die Nase dieser Frau hatte bei ihrem persönlichen Erzählstil eine Führungsrolle.

Egal ob Nase, Auge, Ohr, Mund oder Hand – lassen Sie sich von Ihren Sinnen leiten! Es gibt kein »besser« oder »schlechter«, sondern nur Ihre persönliche Wahrnehmung, die dem, was Sie sagen, Ihre ganz persönliche Note verleiht. In diesem Zusammenhang gibt es eine schöne Geschichte für die Nase. Lesen Sie mal – und riechen Sie! Vielleicht regt sich nach der Lektüre bei Ihnen – frei nach Ringelnatz – mit Nasenflügelbeben ein ungeheurer Appetit nach Erzählen und nach Leben! Vielleicht suchen Sie auch gleich den nächsten Bäcker auf …

Salim und der Bäckermeister
Eine Geschichte für die Nase

Als Salim noch jung war, reiste er in der ganzen Welt herum. Er segelte übers stürmische Meer und er wanderte durch glühende Wüsten. Eines Tages kam er auch nach Balsora, in die märchenhafte Stadt, wo die Kaufleute mit Edelsteinen, Gewürzen und kostbarer bunter Seide handeln. Salim beschloss, eine Weile zu bleiben. Er fand ein Zimmer, das ihm gefiel. Es war klein und bescheiden, aber gemütlich. Und das Allerschönste war: Das Zimmer lag direkt über dem Laden eines Bäckers.

Am Morgen erwachte Salim von dem köstlichen Duft, der aus der Backstube heraufwehte. Dunkles, herzhaftes Brot, frisch aus dem Ofen. Warme, süßsaftige Rosinenbrötchen. Knusprige Plätzchen, mit Sesam bestreut. Salim trat auf den Balkon hinaus und holte tief Luft. Er roch und schnupperte all diese himmlischen Düfte. Hmmmm … frische Zimtbrötchen! Er konnte nicht widerstehen, er musste einfach eines haben. Er ging also hinunter in die Backstube und kaufte von dem wenigen Geld, das er hatte, das kleinste Zimtbrötchen, das er im Laden finden konnte. »Auf meinem Balkon habe ich die Düfte aus Eurer Backstube in vollen Zügen genossen«, gestand er dem Bäcker. – »Ach ja, hast du das – tatsächlich?«, knurrte der Bäcker und starrte Salim mit verkniffenen Augen an. Am Abend trat Salim wieder auf den Balkon hinaus und sog die herrlichen Düfte ein, die vom Bäckerladen heraufwehten: Kokosmakronen, Orangenkuchen, Dattelstangen und Nussschnecken. Salim schnupperte und träumte und schnupperte. Die bösen Blicke des Bäckers sah er nicht.

So ging das mehrere Tage. Doch dann, eines Abends, donnerte der Bäcker wütend an Salims Tür. »Dieb!«, schrie er. »Du stiehlst meine Düfte!« Salim traute seinen Ohren nicht. »Was soll das heißen?«, fragte er verwundert und öffnete die Tür. »Glaubst du, ich hätte nicht gesehen, wie du auf dem Balkon geschnüffelt und geschnuppert hast?«, schrie der Bäcker. »Jeden Morgen riechst du mein Brot, und abends schnupperst du nach meinem Kuchen. Das musst du mir bezahlen!« – »Unsinn«, sagte Salim. »Der Duft kommt von ganz allein herauf. Gestohlen habe ich Euch gar nichts.« Der Bäcker drohte Salim mit der Faust. »Wenn du nicht zahlst, dann verklage ich dich. Der Richter wird dafür sorgen, dass ich bekomme, was mir zusteht!«

Also gingen sie am nächsten Tag zum Richter. Der Bäcker erzählte die Geschichte, und der Richter hörte genau zu. Dann fragte er Salim: »Hast du die Düfte genossen?« – »Ja, Euer Gnaden.« – »Und hast du je dafür bezahlt?« – »Nein, Euer Gnaden.« Der Richter dachte lange nach. Schließlich sagte er: »Kommt beide morgen um neun Uhr wieder. Und du, Salim, bringe fünf Silbertaler mit.« Salim war verzweifelt. Er besaß keine fünf Silbertaler. Er musste sie sich von seinen Freunden borgen. Aber wie sollte er sie je wieder zurückzahlen?

Am nächsten Morgen betrat der Richter den Saal. Salim stand da und ließ den Kopf hängen. Der Bäcker grinste und rieb sich

gierig die Hände. Der Richter wandte sich an Salim: »Hast du die fünf Silbertaler mitgebracht?« – »Ja, Euer Gnaden.« Da stellte der Richter eine große Kupferschale vor sich auf den Tisch und sagte zu Salim: »Wirf die Taler hier hinein, einen nach dem anderen!« Und zum Bäcker sagte er: »Und du, höre genau zu ...«

Der erste Taler klingelte in der Schale. Der zweite Taler flog – PLING – an seine Seite. Der dritte machte KLANG. Der vierte machte PLONG. Und der fünfte klirrte obendrauf. Der Richter sah den Bäcker an. »Nun, hast du die Taler klingeln hören?« – »O ja, Euer Gnaden«, rief der Bäcker und schielte freudig nach den Talern in der Schale. »Und hast du den Klang des Geldes genossen?« – »Und wie ich das genossen habe!« – »Gut«, sagte da der Richter, »denn mehr steht dir nicht zu. Damit ist der Geruch des Essens mit dem Klang des Geldes bezahlt.«

Innerer Dialog

Wir haben von Authentizität als einer besonderen Qualität in der Kommunikation gesprochen. Vielleicht fragen Sie sich: Kann man auch in eine Rolle schlüpfen und dennoch authentisch sein? Ich denke ja, denn eine Rolle kann zur zweiten Haut werden und sich eng an das eigene Wesen anschmiegen. Ein guter Schauspieler ist auch in einer Rolle authentisch.

Allerdings geht es in der Alltagskommunikation weniger um eine schauspielerische Darbietung als um einen lebendigen Ausdruck dessen, was einen selbst im Leben bewegt. Egal was Sie erzählen, Sie werden ganz gewiss in vielen Teilen des Gesagten Aspekte von sich selbst entdecken. Betrachten Sie beispielsweise die obige Geschichte von »Salim und dem Bäckermeister«.

Finden Sie sich darin wieder? Gibt es eine Figur in der Geschichte, die Ihnen besonders nah, oder eine, die Ihnen eher fremd ist? Sie werden diese Geschichte nur authentisch nacherzählen können, wenn Sie die gesamte Handlung sinnlich fühlen und das Geschehen zu sich selbst in Beziehung setzen.

Die Voice-Dialogue-Methode

Das amerikanische Ehepaar Hal und Sidra Stone hat einen interessanten Ansatz zur Selbsterfahrung entwickelt. Sie nennen ihn die Voice-Dialogue-Methode. Im Kern geht es dabei darum, die eigenen inneren Persönlichkeitsanteile besser zu verstehen und den bewussten Umgang mit ihnen zu lernen.

Wir alle haben verschiedene Seiten, sind mal der oder die Ängstliche, dann wieder der oder die Wagemutige. Wir kennen kritische Stimmen in uns, die kein gutes Haar an uns lassen, und stärkende Anteile, die uns Kraft geben und ermutigen. In vielen Menschen gibt es beispielsweise einen inneren Kritiker, der mit Vorliebe davon spricht, was man nicht gut gemacht hat und was man das nächste Mal unbedingt besser machen muss. Auch der Perfektionist ist ein innerer Anteil, der vielen Menschen vertraut ist. Ganz zu schweigen von dem Trägen, der morgens nicht aus dem Bett kommt, oder dem Chaoten, der jede Ordnung durcheinander bringt und ständig für Unruhe sorgt.

Wichtig ist: Alle Anteile haben ihren Sinn und sind – auch wenn sie uns manchmal das Leben gehörig schwer machen können – ein wesentlicher Teil unserer Geschichte. Ziel der Voice-Dialogue-Methode ist es, seine inneren Stimmenanteile durch regelmäßig geführte Dialoge immer besser kennenzulernen.

Irgendwann kann man dann im Alltag gezielt mit ihnen in Kontakt treten und dabei auch beeinflussen, welcher Anteil im Inneren wie viel Raum bekommen soll.

Dieser innere Dialog mit Teilen der eigenen Persönlichkeit lässt sich nicht nur auf den Umgang mit Aspekten der eigenen Lebensgeschichte, sondern auch auf Erzählstoffe ganz allgemein übertragen. Das bedeutet: Jeder Erzähler sollte die Figuren seiner Geschichten erforschen und solange mit ihnen sprechen, bis er spürt, was ihn mit dieser Figur verbindet. Das kann Sympathie sein – etwa mit dem Helden oder der Heldin –, aber auch Antipathie oder Unverständnis – etwa mit einem bösen Gegenspieler oder einer bedrohlichen Kraft. Das kann Neugierde sein – beispielsweise auf die Abenteuer eines Helden – oder Neid – etwa auf die Reichtümer eines Königs. Wichtig ist, dass ein inneres Bild und ein damit verbundenes Gefühl auftaucht, das die Figuren der Geschichte mit Ihrer Lebenserfahrung füllt.

Anhand der Geschichte von »Salim und dem Bäckermeister« können Sie das sinnliche Eintauchen in Figuren und Szenen konkret ausprobieren. Die Aufgabe lautet, diese Geschichte aus vier verschiedenen Blickwinkeln zu erzählen. Zunächst aus Sicht der Hauptfigur (Salim). Nehmen Sie dazu die Ich-Perspektive ein und schildern Sie das, was geschieht. *»Ich, Salim, reiste früher viel in der Welt herum. Einmal kam ich auch nach Balsora …«* Dann wechseln Sie den Fokus und schlüpfen in die Rolle des Bäckermeisters. *»Einmal mietete ein junger Mann das Zimmer mit Balkon über meiner Backstube …«* Schließlich nehmen Sie den Platz des Richters ein, der als sachlich-neutraler Beobachter den Konflikt löst. *»Einer der unzähligen Streitfälle, die ich* *in meinem Richterleben lösen musste, war …«* Und als Letztes können Sie die Geschichte noch aus Ihrer ganz persönlichen Sicht erzählen. *»Da reiste einmal ein junger Mann in den Orient. Ich war dort auch schon einmal und kenne die bunten Farben und Gerüche auf den belebten Marktplätzen. Nun, dieser Mann, sein Name war Salim, beschloss …«*

- Welche Rolle ist Ihnen leichtgefallen, welche schwer?
- Haben die einzelnen Figuren während des Erzählens mehr Kontur gewonnen?
- Sind persönliche Erlebnisse in Ihnen aufgestiegen, vielleicht Erinnerungen an eine Reise in den Orient oder an eine Situation, in der Sie selbst einmal die Düfte einer Backstube genossen haben?
- Wonach riecht es in Ihrer Lieblingsbäckerei? Für welche kulinarischen Köstlichkeiten würden Sie Ihr letztes Geld ausgeben?
- Sind Sie auch schon einmal in Streit mit einem anderen Hausbewohner geraten? Standen Sie jemals vor Gericht?
- Sind Sie mit der Konfliktlösung des Richters einverstanden oder empfinden Sie das Urteil als ungerecht? Warum?

All diese Fragen und Ihre ganz persönlichen Antworten führen Sie Schritt für Schritt hinein in die Geschichte und intensivieren Ihre inneren Bilder. Sie werden merken: Die Geschichte erzählt sich nach dieser Übung ganz anders.

Figureninterviews führen

Um die Figuren einer Geschichte weiter zu erforschen, kann man – wiederum in Anlehnung an die Voice-Dialogue-Methode – auch sogenannte Figureninterviews führen. Es handelt sich hier wiederum um eine aktive Arbeit am inneren Bilderschatz. Nehmen wir diesmal als Beispiel das Grimm-Märchen vom *Rotkäppchen.* Sie kennen die Geschichte vom bösen Wolf, der das Rotkäppchen vom Weg zum Haus seiner Großmutter abbringt und schließlich nicht nur die Großmutter, sondern auch das Mädchen frisst. Am Ende taucht jedoch der Jäger auf, schneidet dem Wolf den Bauch auf und rettet sowohl das Rotkäppchen als auch die Großmutter.

Wenn ich an einem Erzählprogramm arbeite, mache ich mich auf die Suche nach Verbindungsfäden zwischen der Geschichte und mir selbst. Ich würde mich also in diesem Fall fragen: Warum will ich *Rotkäppchen* erzählen? Was verbindet mich mit diesem Märchen, mit dem kleinen Mädchen, mit der Mutter, mit der Großmutter, mit dem Durchqueren des Waldes, mit dem Wolf und mit dem Jäger?

Wenn sich nicht gleich eine Verbindung auftut, führe ich Interviews mit den Figuren der Geschichte. Dies bringt sie mir näher und zeigt oft erstaunliche Seiten der verschiedenen Mitspieler. Für ein Interview – beispielsweise mit dem Wolf – stelle ich mir denselbigen ganz konkret als eigenständiges, lebendiges Wesen vor und frage ihn neugierig über sein Leben und Handeln aus. Die Fragen – vor allem aber die Antworten – sollten intuitiv, unsinnig, spontan und unmittelbar erfolgen.

Probieren Sie es selbst einmal aus und wundern Sie sich nicht über Merkwürdiges. Lassen Sie sich einfach überraschen, was für einen Wolf Sie innerlich vor Augen haben. So ein Figureninterview können Sie am besten mithilfe eines Gesprächspartners oder einer Gesprächspartnerin durchführen. Ihr Partner/ Ihre Partnerin fragt, Sie antworten. Sie können das Interview aber auch einfach für sich selbst auf Tonband sprechen oder aufschreiben. In diesem Fall übernehmen Sie sowohl die Rolle des Interviewers als auch die Rolle der Figur, die befragt wird. Ein solches inneres Gespräch mit dem Wolf aus *Rotkäppchen* könnte etwa folgendermaßen klingen:

Interview mit dem Wolf, der das Rotkäppchen fraß

»Hallo, Wolf!«
»Hallo.«
»Du lebst also in dem Wald, der zwischen dem Haus von Rotkäppchen und dem ihrer Großmutter liegt?«
»Ja, das stimmt. Meistens lebe ich in diesem Wald. Manchmal wandere ich aber auch in anderen Wäldern herum. Ich lasse mich nicht gern festlegen.«
»Lebst du in einem Rudel?«
»Nein. Ich bin ein einsamer Wolf.«
»Hättest du manchmal gern Gesellschaft?«
»Na ja, manchmal schon. Da bin ich recht allein. Aber im Grunde genommen mache ich auch gern mein eigenes Ding und das, was mir gefällt.«
»Was gefällt dir denn?«
»Kleine Mädchen erschrecken!«
»Wie erschreckst du sie denn?«
»Ich springe hinter einem Baum hervor!«
»Und Rotkäppchen hast du auch erschreckt?«

»Nein. Da habe ich einen Trick angewandt. Ich wollte ja nicht nur das Mädchen fressen, sondern auch noch ihre Großmutter. Da musste ich planvoller vorgehen.«
»Wer hat dir denn besser geschmeckt: Rotkäppchen oder ihre Großmutter?«
»Na, das junge Ding war natürlich viel saftiger, die Großmutter eher etwas trocken. Aber ich bin eben ein Gierschlund und schlucke runter, was mir vor die Schnauze kommt.«
»Wirst du niemals satt?«
»Nein. Ich bin ein Wolf und nehme, was ich kriegen kann.«
»Aber hast du denn gar kein Mitleid mit der Großmutter oder mit dem Rotkäppchen?«
»Mitleid? Nein! Wenn, dann habe ich mit mir selbst Mitleid, schließlich wird mir am Ende der Geschichte der Bauch aufgeschnitten und ich sterbe an einer Ladung Wackersteine! Wer will das schon?«

Wenn ich mit den Teilnehmerinnen und Teilnehmern meiner Erzählkurse solche Figureninterviews durchführe, ist es immer wieder beeindruckend zu erleben, wie viele unterschiedliche Wölfe es gibt.

Da sind böse, gefährliche, wilde Tiere, da sind sanfte und im Grunde ihres Herzens liebenswerte Wölfchen, die »die Sache mit dem Rotkäppchen« gar nicht so gemeint haben, da sind schlaue, hinterhältige, derbe, lüsterne, raffinierte, gierige und vor Hunger von Sinnen geratene Wölfe – und noch jede Menge andere Varianten. Wolf ist niemals gleich Wolf.

Und dasselbe gilt für alle anderen Teile einer Geschichte. Mit dieser Klarheit über die Figuren im Inneren lässt sich jede Geschichte – egal ob überliefertes Märchen oder selbst erlebtes Alltagsabenteuer – mit emotionalen und farbenfrohen Bildern füllen. Das, was Sie erzählen, wird Ihre Zuhörer überzeugen. Sie wissen dann nämlich, wovon Sie sprechen. Sie sind authentisch.

Aufmerksamkeit – »Die Menschen hören mir gern zu!«

»Was die kleine Momo konnte wie kein anderer, das war: Zuhören.
Wirklich zuhören können nur ganz wenige Menschen.«
(Michael Ende)

Aufmerksamkeit – »Die Menschen hören mir gern zu!«

Gerade als ich beginne, das Kapitel über Aufmerksamkeit zu Papier zu bringen, summt und brummt eine dicke, schwarze Schmeißfliege um meinen Schreibtisch herum und macht mich ganz nervös. So kann ich mich nicht konzentrieren, bin abgelenkt und werde kribbelig bei dem hektischen Gesumme. Und da sich das unruhige Biest auch nirgends niederlässt, kann ich es nicht mit der Fliegenklatsche erwischen. In dieser Situation, in der mir jegliche Konzentration abhanden kommt, muss ich daran denken, dass wir im Grunde täglich sehr vielen Schmeißfliegen ausgesetzt sind, die unsere Aufmerksamkeit von den wesentlichen Dingen abziehen und unsere Sinne verwirren. In einer hektischen, reizüberfluteten Zeit ist es eine Kunst geworden, sich ganz auf eine Sache oder einen Menschen einzulassen. Für eine achtsame Kommunikation ist aufmerksames Zuhören eine wesentliche Qualität.

Die Kunst des Zuhörens

Wer erzählen will, muss zuhören können, und zwar in mehrfacher Hinsicht: Zum einen muss ein Erzähler in sich selbst hineinhören und spüren, was ihn bewegt und was nach Ausdruck verlangt. Er muss sich also zuerst einmal selbst Aufmerksamkeit schenken. Ein Erzähler muss aber auch nach außen lauschen, um im Kontakt zu sein mit der Welt und neue Dinge in sich aufzunehmen. Und nicht zuletzt sollte jeder Erzähler auf seinen jeweiligen Gesprächspartner und auf seine verbalen und nonverbalen Äußerungen achten. Wenn einer oder eine nur redet und nicht wahrnimmt, dass das Gegenüber bereits seit einiger Zeit gelangweilt gähnt, scheitert Kommunikation.

Wer schon einmal das Glück hatte, einem richtig guten Zuhörer gegenüberzusitzen, weiß, welch eine Bereicherung das ist. Wirklich zuzuhören ist eines der größten Geschenke, das wir einander machen können. Michael Ende schildert in seinem Roman *Momo* eine beeindruckende Zuhörerin: »Was die kleine Momo konnte wie kein anderer, das war: Zuhören. [...] Wirklich zuhören können nur ganz wenige Menschen. Und so wie Momo sich aufs Zuhören verstand, war es ganz und gar einmalig. Momo konnte so zuhören, dass dummen Leuten plötzlich sehr gescheite Gedanken kamen. Nicht etwa, weil sie etwas sagte oder fragte, was den anderen auf solche Gedanken brachte, nein, sie saß nur da und hörte einfach zu, mit aller Aufmerksamkeit und aller Anteilnahme. [...] Sie konnte so zuhören, dass ratlose und unentschlossene Leute auf einmal ganz genau wussten, was sie wollten. Oder dass Schüchterne sich plötzlich frei und mutig fühlten. Oder dass Unglückliche und Bedrückte zuversichtlich und froh wurden. Und wenn jemand meinte, sein Leben sei verfehlt und bedeutungslos [...] und er ging hin und erzählte alles das der kleinen Momo, dann wurde ihm, noch während er redete, auf geheimnisvolle Weise klar, dass er sich gründlich irrte, dass es ihn, genauso wie er war, unter allen Menschen nur ein einziges Mal gab und dass er deshalb auf seine besondere Weise für die Welt wichtig war. So konnte Momo zuhören!«

Die Ohren spitzen

Zuhören will gelernt sein. Die Stiftung Zuhören des Bayrischen Rundfunks hat vor Kurzem ein Projekt mit dem Namen »Ohren spitzen« ins Leben gerufen. Dabei sollen Kindergartenkinder mit spielerischen Elementen aus einer »Ohrenspitzer-Schatzkiste« zum Zuhören und zum achtsamen, kreativen Austausch miteinander animiert werden.

Zuhörfähigkeit kann man gar nicht früh genug schulen. Aber auch – oder gerade – wir Erwachsenen dürfen uns in dieser Hinsicht an der eigenen Nase packen. Wie oft sind wir mit unseren Gedanken woanders, wenn uns jemand etwas erzählt? Können wir selbst eigentlich wirklich zuhören? Wann haben wir das letzte Mal über längere Zeit jemandem unsere ganze Aufmerksamkeit geschenkt? Hier kommen ein paar Impulse für den Alltag, um die Ohren bewusster zu spitzen!

In der Ohrmuschel spiegelt sich der gesamte Körper. Die Akupunktur nutzt die verschiedenen Punkte gezielt, um bestimmte Organe und Energiezonen zu stimulieren. Ich möchte Ihnen empfehlen, Ihren Ohren im Alltag zwischendurch für einige Minuten Aufmerksamkeit zu schenken. Eine sanfte Massage der Ohrmuschel, ein leichtes Ziehen an den Ohrläppchen, ein vorsichtiges Rubbeln und ein schützendes Bedecken des gesamten Ohres mit der erwärmten Handfläche – all das schafft Wohlgefühl und fördert zudem die Konzentration. Immer dann, wenn Sie merken, dass Ihre Präsenz nachlässt und Ihr Fokus sich in Zerstreutheit verliert, sollten Sie Ihre Ohren ins Zentrum rücken.

Machen Sie es sich zur Aufgabe, einmal am Tag einer Person drei Minuten Ihre volle Aufmerksamkeit zu schenken. Ganz gleich, ob es sich um Ihren Lebenspartner/Ihre Lebenspartnerin, um eines Ihrer Kinder, einen Arbeitskollegen/eine Arbeitskollegin oder um eine (noch) fremde Person handelt: Widmen Sie diesem Menschen drei Minuten, in denen Sie Ihre ganze Konzentration auf ihn lenken. Sie müssen nicht unbedingt miteinander reden, Sie können auch einfach aufmerksam wahrnehmen, was dieser Mensch an diesem Tag für Kleidung trägt, ob sein Gesicht fröhlich oder müde aussieht, ob er hübschen Schmuck trägt oder irgendetwas Besonderes mit sich führt usw. Sie werden sehen: In nur drei Minuten lässt sich eine Menge entdecken. Und möglicherweise haben Sie danach etwas Spannendes zu erzählen?

Dieser Impuls funktioniert natürlich auch umgekehrt: Fordern Sie einmal am Tag von jemandem – z. B. von einem Freund oder einer Freundin – die volle Aufmerksamkeit für sich selbst ein. Sagen Sie deutlich, was Sie von sich zeigen möchten, und nehmen Sie sich dann den Raum. Genießen Sie es, dass Ihnen jemand seine Augen, seine Ohren und seinen Fokus schenkt. Trauen Sie sich, die Zeit voll auszukosten. Wenn es Ihnen hilft, können Sie sich für diese drei Minuten einen Wecker stellen; auf diese Weise ist die Zeit definiert und ein klarer Rahmen gesetzt.

Die Frau auf der Parkbank

Vor einigen Wochen lag in meinem Fahrradkorb ein orangefarbener Zettel mit folgendem Text: »*Sie erzählen, ich höre zu – ein Experiment! Stellen Sie sich vor, es käme ein Ihnen unbekannter Mensch in Ihre Stadt und würde Ihnen das Angebot machen, Ihnen zuzuhören. Einfach so. Ohne etwas dafür zu verlangen. Er oder sie säße für einige Tage im Park auf einer Bank, und Sie könnten sich einfach dazugesellen und erzählen, was immer Sie im Augenblick beschäftigt oder bewegt. Und der andere hört zu, begegnet Ihnen dabei mit Offenheit und Wertschät-*

zung. Sie könnten aber auch gemeinsam schweigen, wenn Ihnen das lieber ist. Oder diskutieren … Würden Sie diesen Menschen aufsuchen?« Und dann folgte eine Beschreibung, wo die Parkbank zu finden war, auf der sich die Zuhörerin im Englischen Garten in München niederlassen wollte, und woran man sie erkennen konnte. Ich war neugierig auf die Erfahrungen, die diese Frau mit ihrem Experiment machen würde, und da ich sowieso gerade mit diesem Buch über Kommunikation beschäftigt war, packte ich die Gelegenheit beim Schopf und radelte zum angegebenen Ort.

Ein Gespräch mit einer fremden Person ist etwas ganz anderes als die Kommunikation mit Freunden. Da sitzt auf einmal jemand neben einem, der überhaupt nichts von einem weiß. Was erzählt man so einer Zuhörerin? Was teilt man mit? Was vertraut man an? Vielleicht will man der fremden Person auch bestimmte Fragen stellen? Und falls man etwas von sich erzählt, an welcher Stelle setzt man in der Stofffülle des eigenen Lebens an und wo hört man wieder auf? Über genau diese Punkte habe ich mich dann auf der Parkbank mit der Zuhörerin unterhalten. Sie erzählte mir von einigen Gesprächen und Begegnungen. Dabei wurde deutlich, dass manche Menschen erst in einer solch experimentellen Kommunikationssituation merken, wie man durch alles, was man erzählt, sein Leben neu definieren und ordnen kann. Man hat die Wahl, welche Geschichten man auswählt, und vor allem, wie man sie darstellt und bewertet. Einer fremden Person kann man von den Schicksalsschlägen seines Lebens berichten, davon, was alles nicht funktioniert hat oder dramatisch war. Man kann aber genauso von den großen Geschenken und Glücksmomenten erzählen, von all dem, was in der Vergangenheit gelungen ist und Freude gemacht hat. Jeder hat die freie Wahl, seinem Leben im Erzählen rückblickend eine Gewichtung zu geben, die sich auf die Tiefpunkte oder auf die Höhepunkte konzentriert. Beides ist möglich. Ein fremder Zuhörer, der einen nicht kennt und deswegen auch erst einmal nicht in eine Schublade steckt, erleichtert es, den Fokus zu verändern und sich selbst und sein Leben neu zu definieren. Vielleicht sind deswegen gerade Gespräche mit Fremden, von denen man weiß, dass sie zeitlich begrenzt sind und dass man sich nicht wiedersehen wird, Chancen, die man ab und zu ergreifen sollte. Auf längeren Zugfahrten bin ich selbst schon in solche Situationen geraten und habe den oft überraschend intensiven Austausch mit Fremden sehr genossen.

Gesprächen einen Rahmen geben

Wer etwas zu erzählen hat, möchte gehört werden. Doch nicht immer finden sich aufmerksame Zuhörer, die mit offenen Ohren auf Parkbänken sitzen. Und nicht immer ist die Gelegenheit günstig, um sich bei anderen mit (s)einer Geschichte auszubreiten. Bestimmt kennen auch Sie Situationen, in denen Sie jemand zwischen Tür und Angel überfiel und Ihnen ein Gespräch aufdrängte, für das Sie nicht bereit waren. Oder Sie kennen den umgekehrten Drang, etwas loswerden zu müssen, förmlich zu platzen vor Mitteilungsbedürfnis, und vergeblich nach jemandem Ausschau zu halten, der Zeit und Lust hat, in Ruhe zuzuhören. Eine Gesprächssituation beginnt vor dem Reden! Sie erfordert von Sprecher und Hörer einen klaren Rahmen und ein gemeinsames Einverständnis, dass beide für die Kommunikation bereit sind. Manchmal muss man die Aufmerksamkeit anderer aktiv einfordern. Man muss sich und sein Gesprächsanliegen wichtig genug nehmen und deutlich sagen, dass man sich Raum für eine Unterhaltung wünscht.

Zu einem klaren Gesprächsrahmen gehören ein verbindlicher Ort und eine verbindliche Zeit. Wenn professionelle Erzählerinnen und Erzähler Geschichten zum Besten geben, ist der Rahmen klar gesetzt. Das Publikum zahlt Eintritt und signalisiert damit, dass es gekommen ist, um zuzuhören. Es gibt eine Bühne, vielleicht sogar einen Vorhang, der sich zu einer bestimmten Zeit öffnet und wieder schließt, und damit einen eindeutigen Ort sowie einen klaren Anfang und ein klares Ende. Im Alltag haben wir beim Erzählen keine Bühnensituation. Wir müssen uns den Rahmen selbst schaffen und Menschen finden, die uns zuhören möchten. Gemeinsam sollte vereinbart werden, wann die Kommunikation beginnt und wann sie endet. Das kann durch Worte geschehen, die die Erzählung einleiten: »Ich möchte euch von meinem Klassentreffen letzte Woche erzählen. Habt ihr Lust, die Geschichte zu hören?«. Es kann aber auch durch nonverbale Zeichen geschehen, beispielsweise ein deutliches Absetzen der Kaffeetasse, ein Räuspern oder ein geräuschvolles Luftholen zu Beginn. Klar definierte Erzählsituationen im Alltag sind jedoch selten. In unserer Kultur sind eindeutige Erzählplätze und -rituale in den Hintergrund getreten. Die Bedeutung eines tragfähigen Gesprächsrahmens wird meist unterschätzt. So erzählen wir eben doch zwischen Tür und Angel und wundern uns dann, warum das Gesagte nicht auf offene Ohren trifft.

Erzählräume schaffen

Im orientalischen Raum, wo das Erzählen noch fester in der Kultur verankert ist als bei uns, gibt es bestimmte Orte, an denen

Menschen gezielt zusammenkommen, um miteinander zu reden. So findet man z. B. auf Marktplätzen oder in Kaffeehäusern häufig einen ausgewiesenen Platz für »den Geschichtenerzähler«. Wie lassen sich auch in unserem Alltag bewusster Räume und Gelegenheiten für Erzählen und Zuhören schaffen? Das kann beim gemeinsamen Essen sein, wenn man beisammen sitzt und die Erlebnisse des Tages austauscht. Oder abends am Bett der Kinder beim Erzählen einer Gute-Nacht-Geschichte. In manchen Arbeitsteams findet vor längeren Besprechungen eine sogenannte Obenauf-Runde statt: Jeder Mitarbeiter und jede Mitarbeiterin hat dabei die Gelegenheit, das zu sagen, was bei ihm oder ihr gerade »obenauf« liegt, ihn oder sie also im Moment beschäftigt. Durch das Aussprechen bekommt es einen Platz im Raum. Danach ist der Kopf in der Regel frei für die Tagesordnungspunkte der Besprechung. In vielen Kindergärten und Grundschulklassen ist der »Montagmorgen-Stuhlkreis« üblich, in dem die Kinder von ihren Erlebnissen am Wochenende erzählen. Achtsam zu sein für gute Erzählorte und Gelegenheiten zu schaffen, diese auch dafür zu nutzen, ist eine wichtige Aufgabe unserer Zeit.

Erzählen und Zuhören beginnt bei einem Gespräch zwischen zwei Menschen. Michael Lukas Moeller hat mit seiner Methode der »Zwiegespräche« eine ritualisierte Gesprächsform entwickelt, die auf achtsamem Erzählen und Zuhören basiert. Es wird bewusst die Aufmerksamkeit für die eigenen Worte und für die des Gegenübers gefördert und gefordert. Zum Zwiegespräch treffen sich zwei Personen zu einem fest vereinbarten Zeitpunkt für eine fest vereinbarte Zeit – in der Regel einmal in der Woche für anderthalb Stunden – und schenken sich wechselseitig ihre volle Aufmerksamkeit. Während der eine spricht – für etwa 10 bis 15 Minuten –, hört der andere zu. Dann wechseln die Rollen. Es gibt kein vorgegebenes Thema, der Fokus ist das gemeinsame Gespräch und die Beziehung zwischen beiden. Das Thema entsteht beim Reden. Einige Regeln geben dem Gespräch dabei einen klaren Fokus:

- Jeder spricht von sich und seiner eigenen Wahrnehmung.
- Keiner unterbricht den anderen beim Reden.
- Beide Gesprächspartner hören einander zu.

Zwiegespräche zu führen ist eine sehr heilsame Methode, um wesentlich zu werden in dem, was man sagt, und achtsam zu werden in dem, was man hört.

Dieser Ansatz, sich mit einem Partner oder einer Partnerin zu festen Zeiten an festen Orten zu einem ritualisierten Gespräch zu treffen, lässt sich auf Erzählsituationen mit mehreren Menschen übertragen. In München gab es beispielsweise bis vor wenigen Jahren das »Raritätencafé«. In diesem kleinen Kaffeehaus wurde jeden Samstagnachmittag für eine Stunde ein Geschichtenerzähler oder eine Geschichtenerzählerin eingeladen. Dadurch entstand ein besonderer Erzählraum mit einer einzigartigen Atmosphäre, der von vielen Stammhörerinnen und Stammhörern sehr geschätzt wurde.

Das Bedürfnis nach Erzählräumen nimmt zu. Wir brauchen nicht nur Internetcafés, in denen Menschen miteinander über weite Distanzen kommunizieren, sondern genauso Erzählcafés, in denen Menschen miteinander Zeit verbringen und sich gemeinsam auf Geschichten einlassen. Beide Cafés haben ihren Wert. Jedes zu seiner Zeit.

Konzentration, Fokus, Präsenz

In einer Unterhaltung müssen sich Sprecher und Hörer gleichermaßen konzentrieren. Dies gelingt nicht immer, oft ist die Ablenkung groß. Durch störende Nebengeräusche oder parallel geführte Gespräche wird das Zuhören erschwert. Die Ablenkung kann aber auch in uns selbst liegen, wenn wir, während ein anderer etwas erzählt, anderen Gedanken nachhängen und überlegen, was wir später noch einkaufen müssen. Konzentration ist eine Fähigkeit, die man lernen kann und üben muss. Ebenso wichtig sind die Pausen. Keiner kann unendlich lange aufmerksam sein. Es ist wichtig, die eigene Spanne der Aufmerksamkeit zu kennen. Sobald die Präsenz nachlässt, sollte man ein Gespräch beenden und zu einem anderen Zeitpunkt weiterführen.

Kommunikation braucht einen klaren Fokus. Das Wort »Fokus« hängt mit dem lateinischen Wort für Feuerstelle oder Herd zusammen. Ein passendes Bild: Die Feuerstelle im Zentrum eines Raumes entspricht der Aufmerksamkeit im Zentrum einer Kommunikationssituation. Früher wurde gern vor dem Kaminofen oder in der Küche am Herd erzählt. Wer erzählt, braucht eine Feuerstelle im Inneren, die die Energie bündelt und auf ein Ziel ausrichtet. Denn nicht nur die inneren Bilder eines Erzählers übertragen sich auf die Zuhörer, sondern auch seine Präsenz. Wenn jemand konzentriert spricht und mit seinem inneren Herdfeuer gut verbunden ist, sprühen Funken der Begeisterung und stecken auch die Zuhörer an. Diese können dann gar nicht anders, als gebannt zuzuhören.

Das innere Feuer in einer Kommunikation brennt warm und hell, wenn alle sechs ausgeführten Erzählqualitäten Raum bekommen. Eine gute Idee, die einen selbst begeistert, ist ein erster zündender Funke in jeder Unterhaltung. Kraftvolle innere Bilder schüren das Feuer. Darf dann auch noch das innere Kind am Feuer sitzen und mitspielen, kommt mehr und mehr Bewegung in ein Gespräch. Der Rhythmus der Geschichte hält das Feuer am Brennen, er pustet seinen heiß-kalten Atem in die Flammen, und der authentische Ausdruck eines Redners zieht schließlich die Zuhörer unwiderruflich in seinen Bann. Es ist das eigene innere Feuer, das einem Erzähler die Aufmerksamkeit anderer Menschen schenkt.

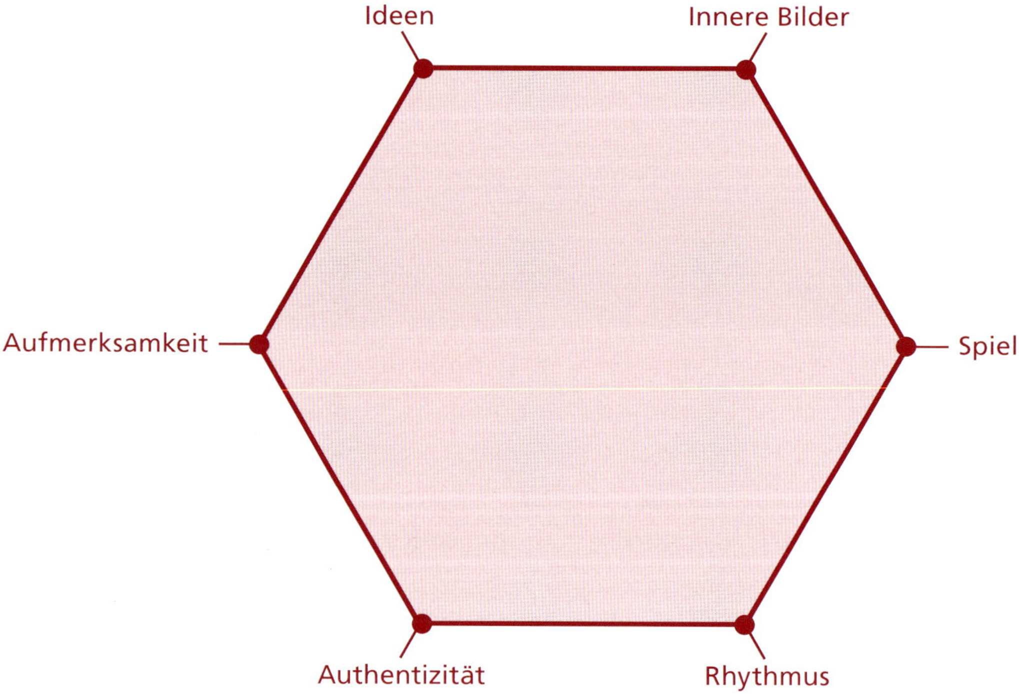

Paddy – Die Geschichte von dem, der keine Geschichte erzählen konnte

Der Mensch, von dem ich euch erzählen möchte, hat irgendwo draußen in einer Hütte gelebt, zwischen grünen Hügeln, Moor und Heide. Er hieß Paddy, und seine Frau hieß Maddy. Sie hatten einige Schafe, die hütete Paddy. Und wenn die Wolle lang genug war, wurden sie geschoren, die Wolle wurde gewaschen, gekämmt und gesponnen, und dann strickte Maddy Strümpfe daraus. Wenn sie genügend Strümpfe beisammen hatte, wurden sie gewaschen und gepresst, und dann brachte Paddy sie in einem großen Korb zum Markt und verkaufte sie. So verlief ihr Leben tagaus, tagein, jahraus, jahrein. Und Paddy sprach nicht viel. Er sagte höchstens »Guten Morgen« oder »Guten Abend« oder »Hallo« – mehr nicht, und mehr war auch nicht nötig. Aber eines Tages, da kam Paddy völlig außer sich vom Markt zurück, und er konnte gar nicht anders, er musste erzählen, was ihm geschehen war.

Er war am Vortag wie üblich mit seinem Korb voller Strümpfe zum Markt gegangen. Er kannte den Weg, er war ihn schon hundert Mal gegangen, und so achtete er nicht groß darauf, sondern hing seinen Gedanken nach. Nach einer Zeit aber bemerkte er einen Baum, den er nicht kannte. Seltsam, dachte Paddy, ich kenne hier doch jeden Stein, beinahe jeden Grashalm, aber diesen Baum habe ich wirklich noch nie gesehen. Aber ich kann mich doch unmöglich verlaufen haben?! Und er ging weiter. Die Sonne erreichte ihren höchsten Punkt. Sonst hatte Paddy um diese Zeit den Markt schon lange erreicht, aber an diesem Tag konnte er noch keine Spur davon entdecken. Es war überhaupt keine menschliche Behausung oder auch nur eine Menschenseele zu sehen, nur grüne Hügel, Moor und Heide. Und all diese Hügel kamen ihm fremd vor. Paddy erkannte, dass er sich verirrt hatte. Er wusste nicht, in welche Richtung er sich wenden sollte, und ging aufs Geratewohl weiter.

Langsam sank die Sonne, die Schatten wurden länger, und Paddy dachte: Ich werde heute wohl nicht mehr heim finden. Oh, es wird eine kalte und feuchte Nacht werden hier draußen … Es dämmerte, dünner Nebel stieg auf, und die feuchte Kälte kroch ihm unter den Mantel. Da erblickte er in der Ferne ein Licht. Er lief darauf zu und kam zu einer kleinen Hütte. Er klopfte an die Tür, und von drinnen rief jemand: »Hallo Paddy! Komm herein!« Paddy wunderte sich, dass man hier seinen Namen kannte. Er trat ein.

Drinnen brannte ein gutes Feuer im Kamin, und ein alter Mann mit weißen Haaren und einem buschigen weißen Schnurrbart begrüßte ihn: »Guten Abend, Paddy! Setz dich doch zu mir ans Feuer!« Paddy wunderte sich wieder, dass der Alte seinen Namen kannte, denn er hatte ihn noch nie zuvor gesehen. Aber er freute sich über das wärmende Feuer und folgte der Einladung gern. Er streckte die Beine aus und dachte: Die Kälte bin ich los. Wenn ich jetzt noch etwas zu essen bekäme, ginge es mir noch besser. Und kaum hatte Paddy das gedacht, da sprach der alte Mann: »He, Paddy, wie wär's mit etwas zu essen?« – »O ja!«, rief Paddy, und der alte Mann brachte Brot und Käse, Schinken und Bier, und sie setzten sich an den Tisch und aßen und tranken.

Als Paddy sich satt gegessen hatte, klopfte er sich auf den Bauch und dachte: Jetzt fehlt mir nur noch ein Pfeifchen Tabak zu meinem Glück. Und kaum hatte er das gedacht, da sprach doch der Alte: »He, Paddy, wie wär's mit einem Pfeifchen Tabak nach diesem guten Essen?« – »O ja«, rief Paddy mit leuchtenden Augen, und der Alte brachte zwei Pfeifen und Tabak. Sie stopften die Pfeifen und rauchten sie langsam und mit Genuss, wohl eine Stunde lang. Dann sprach der Alte: »Paddy, ich habe da so eine Gewohnheit. Ich teile die Nacht immer in drei Teile. Im ersten Teil wird gegessen und geraucht, im zweiten Teil wird gesungen und erzählt, und im dritten Teil wird geschlafen. Gegessen und geraucht haben wir, jetzt kommt also der zweite Teil. Paddy, sing mir ein Lied!« Nun konnte Paddy aber nicht singen. Seit seiner Kindheit hatte er kein Lied gesungen, und so stammelte er: »Das … das kann ich nicht.« Da runzelte der alte Mann die Stirn und sagte: »Das ist schlecht, Paddy. Wenn du nicht singen kannst, dann kannst du auch nicht hier schlafen. Es sei denn, du kannst mir etwas erzählen. Los Paddy, erzähl mir eine Geschichte!« Aber ihr wisst ja, dass Paddy nie viel sprach und nichts erzählte, und so stammelte er wieder: »Das … das kann ich nicht.« Da verfinsterte sich das Gesicht des alten Mannes, und er sagte: »Das ist schlecht, Paddy, sehr schlecht! Du kannst nicht singen und du kannst nichts erzählen, dann kannst du hier auch nicht schlafen. Paddy, hinaus!« Und er beförderte Paddy in die kalte, dunkle Nacht hinaus.

Paddy ging durch die Finsternis und dachte: Zumindest konnte ich mich eine Weile wärmen und habe gut gegessen. Da erblickte er in der Ferne wieder ein Licht. Er lief darauf zu und erreichte ein kleines offenes Feuer. Ein kleiner Kerl mit einem riesigen schwarzen Schnurrbart saß am Feuer und drehte langsam einen Spieß mit einem Ferkel daran. Als Paddy herankam, rief der

Kleine: »He, Paddy, komm und setz dich zu mir ans Feuer!« Paddy wunderte sich, denn auch diesen kleinen Kerl hatte er noch niemals gesehen. Aber er folgte der Einladung gern, wärmte sich am Feuer, betrachtete wohlgefällig das Ferkel, dessen Kruste schon knusprig braun schimmerte, und dachte zufrieden: Ich habe diese Nacht zwar kein Bett, aber dafür bekomme ich zwei Mal zu essen.

Nach einer Weile sagte der kleine Kerl: »Paddy, ich muss mal verschwinden. Dreh du solange den Spieß für mich. Aber pass auf, dass du den Braten nicht anbrennen lässt!« – »Ja, natürlich!«, antwortete Paddy. Er drehte den Spieß, sog den Duft des Bratens ein und freute sich schon auf das leckere Essen. Da aber schrie plötzlich das Ferkel am Spieß: »Du Dummkopf! Du Tölpel! Du hast mir den Schnurrbart versengt! Kannst du nicht aufpassen?!« Paddy erschrak wie nie zuvor in seinem Leben. Er sprang auf und lief Hals über Kopf davon. Aber der Spieß verfolgte ihn, piekte ihm immer wieder in den Hintern und schrie: »Du Dummkopf! Du Tölpel! Du hast mir den Schnurrbart versengt!«

Paddy rannte und rannte, so schnell er konnte, aber der Spieß holte ihn immer wieder ein und piekte ihn. Er keuchte und rang nach Atem – da sah er in der Ferne ein kleines Licht. Mit letzter Kraft lief er hin: Es war die Hütte des Alten! »Ich muss jetzt hinein!«, dachte Paddy verzweifelt, und er stürzte zur Tür hinein und japste: »Entschuldigung, aber es ist schrecklich, fürchterlich!« Der alte Mann schloss die Tür und fragte: »Aber Paddy, was ist denn mit dir geschehen? Du siehst ja entsetzlich aus!« Da erzählte ihm Paddy, was er mit dem kleinen Kerl am Feuer und dem Ferkel am Spieß erlebt hatte. »Aber Paddy, das ist ja

eine ganz unglaubliche Geschichte!«, sagte darauf der Alte. »So etwas habe ich noch nie gehört! Und du hast mir ja jetzt etwas erzählt, Paddy! Dann kannst du auch hier schlafen. Komm mit!« Und er führte ihn in eine Kammer mit einem schönen, weichen Bett. Paddy seufzte tief, fiel ins Bett und war im nächsten Augenblick tief und fest eingeschlafen

Als er am nächsten Morgen erwachte, schmerzten ihn alle Knochen. Er öffnete die Augen. Da war kein Bett, keine Kammer, keine Hütte – er lag im Straßengraben, und sein Korb mit den

Socken stand neben ihm. Und als er sich umsah, stellte er fest, dass er keine zwei Meilen von seinem Haus entfernt war! Er lief nach Hause, so schnell er konnte, und dort musste er seiner Frau sofort erzählen, was ihm geschehen war. Und fortan erzählte er die Geschichte immer wieder. Jedem, der vorbeikam. Und Paddy hat sie so oft erzählt, dass die Geschichte schließlich rund um die Welt gewandert ist. Irgendwann habe auch ich sie gehört, und ich konnte sie heute euch erzählen.

Was sich hinter den Worten verbirgt

»Ein Bild sagt mehr als tausend Worte.«

(Chinesisches Sprichwort)

Was sich hinter den Worten verbirgt

Kraft wie ein Löwe

»Hallo, wie geht's?«, beginnt man im Alltag häufig ein Gespräch. Und die Antwort lautet dann: »Danke, gut.« Oder auch: »Leider nicht so gut.« Oder vielleicht: »Es geht so.« Dies sagt wenig aus. Anders wäre es, wenn auf die Frage nach dem Befinden ein anschauliches Bild käme, das ein Gefühl hinter den Worten spürbar werden lässt. Versuchen Sie doch einmal, Ihre momentane Stimmungslage mithilfe einer Obst- oder einer Gemüsesorte auszudrücken.

- »Ich fühle mich wie eine saure Zitrone.«
- »Mir geht es so gut, wie wenn man in eine saftige, süße Erdbeere beißt.«
- »Ich bin so gut drauf wie ein knackiger grüner Apfel.«
- »Wie es mir gerade geht? Scharf wie eine Chilischote.«

Eine Sprachfloskel wie »Danke, gut« ist natürlich schneller greifbar als ein bildhafter Gefühlsausdruck. Auf innere Bilder muss man sich einlassen, und das erfordert Zeit. Doch es kann Spaß machen, eine Weile nachzuspüren, welches Obst oder Gemüse der momentanen Befindlichkeit entsprechen könnte. Auf einmal erkennt man Nuancen, die in einem »mir geht's gut« oder »mir geht's schlecht« nicht enthalten sind. Um die innere Großwetterlage auszudrücken, eigenen sich auch Vergleiche mit Tieren (»Ich habe Kraft wie ein Löwe!«), mit Pflanzen (»Ich lasse den Kopf hängen wie eine Sonnenblume ohne Wasser«), mit Musikinstrumenten (»Ich bin im Moment so zart besaitet wie eine

Harfe«), mit Haushaltsgeräten (»Heute bin ich konfus, als ob man mich im Schleudergang einer Waschmaschine gewaschen hätte«) oder mit Wetter- und Naturphänomenen (»Ich bin gerade grantig wie Blitz, Donner und Hagelschlag«).

In die Tiefe tauchen

»Ein Bild sagt mehr als tausend Worte«, heißt es in einem chinesischen Sprichwort. Bestimmt kennen Sie Gesprächssituationen, in denen man redet und redet, ohne dass man sich verstanden fühlt oder den anderen verstehen kann. Das, worum es eigentlich geht, bleibt hinter den Worten verborgen. Der Sprachphilosoph Ludwig Wittgenstein bezeichnete Worte einmal als dünne Oberfläche über einem tiefen Wasser. Es ist in der Tat ein Unterschied, ob wir in Gesprächen »nur« Worte wechseln oder ob wir uns Zeit nehmen, das, was wir wirklich sagen wollen, langsam vom Grunde aufsteigen zu lassen und mit Bildern und Gefühlen zu füllen. Bei Ersterem bewegen wir uns an der Oberfläche des Wassers, Letzteres führt uns in die Tiefe. Wenn wir hinter die Worte blicken, kommen wir dem Wesentlichen auf die Spur. Natürlich können und wollen wir nicht in jedem Gespräch in die Tiefe tauchen, das wäre zu intensiv und ist auch nicht in jeder Situation angebracht. Aber das Wissen um die Welt hinter oder – um in Wittgensteins Bild des Wassers zu bleiben – unter den Worten ist entscheidend für eine bewusste Kommunikation.

Worte allein sorgen leicht für Missverständnisse. Bilder sind konkreter und damit besser greifbar. So kann man beispielsweise ein Kompliment auf unterschiedliche Weise aussprechen. Wie wirken die beiden folgenden Aussagen auf Sie? Beide haben dieselbe Botschaft.

- »Ich finde dich toll, weil du so ein fröhlicher Mensch bist!«
- »Ich finde es toll, wenn du mir wie gestern lachend und mit fliegenden Haaren entgegenläufst, wenn du über das ganze Gesicht strahlst und schon von Weitem deine Augen blitzen. Du bist so ein fröhlicher Mensch!«

Die Worte »fröhlicher Mensch« werden in der zweiten Aussage auf eine bestimmte Situation bezogen, eine konkrete Szene wird beschrieben. Das Kompliment ist in diesem Fall mit einer persönlichen Wahrnehmung gefüllt, und das ist es, was den Empfänger der Botschaft vermutlich mehr bewegt als die grundsätzliche Bemerkung, dass es positiv ist, ein fröhlicher Mensch zu sein.

Stellen Sie sich einen Menschen vor, der Ihnen nahesteht und dem Sie gern etwas Nettes sagen möchten. Und nun versuchen Sie, die folgenden Komplimente (oder auch andere) in Bezug auf diese Person mit persönlichen und anschaulichen Beispielen zu füllen. Drücken Sie sich dabei so bildhaft wie möglich aus.

- »Ich mag dich gern.«
- »Ich mag es gern an dir, dass du …«
- »Ich mag es gern, wie du …«

- »Ich finde dich hübsch.«
- »Es ist so hübsch an dir, wenn du …«
- »Du bist so hübsch, weil du …«

- »Ich bewundere dich.«
- »Ich bewundere, wie du …«
- »Wenn du …, dann bewundere ich das.«

- »Toll, dass du so erfolgreich bist.«
- »Als du ..., fand ich das ganz toll.«
- »Als du ..., habe ich gemerkt, wie erfolgreich du bist.«

- »Du bist fleißig.«
- »Wenn ich sehe, wie du ..., merke ich, wie fleißig du bist.«
- »Du bist wirklich fleißig, wenn du ...«

Bilder erzählen

Wer »Bilder erzählt«, muss genau sein. Sobald ein Bild in sich nicht stimmig ist, merkt das der Zuhörer sofort. Kinder – vor allem im Alter von drei bis sechs Jahren –, die besonders stark in Bildern zu Hause sind, sind das beste und kritischste Publikum. Sie scheuen sich nicht, einzuhaken und nachzufragen, wenn sie sich etwas nicht vorstellen können.

Als ich einmal einer Kindergruppe erzählte, wie ein König einen großen Sack Gold in seine Jackentasche steckte, um damit einen armen alten Mann zu bestechen, wunderte sich ein Junge und fragte, wie denn ein so großer und schwerer Sack in eine kleine Jackentasche passen könne. Das ginge doch gar nicht, und die Jackentasche würde entweder reißen oder ausleiern. Sein Einwand war völlig berechtigt, denn mein inneres Erzählbild war an dieser Stelle nicht stimmig. Aus dieser Situation entstand dann ein schönes Gespräch mit den zuhörenden Kindern, auf welche Weise man am besten einen großen Sack mit Gold transportieren kann ... Dieses Beispiel zeigt: Es ist das Reden mit und über die inneren Bilder, das eine Geschichte lebendig macht. Oft sind es gerade die »Fehler« oder Irritationen, die uns miteinander ins Gespräch bringen.

Urstoffe und elementare Gefühle

Es gibt verschiedene Wege, in die Tiefen der Bilderwelt einzutauchen. Einmal mehr sind es Märchen und Mythen, die uns dazu einladen. Ähnlich wie im selbstvergessenen Spiel oder auch im Traum öffnen sich beim Hören eines alten Mythos Türen zur Innenwelt. Symbole, Bilder und Archetypen führen uns auf den Grund der eigenen Erlebnis- und Gefühlslandschaft. Gianni Rodari vergleicht in seiner *Grammatik der Phantasie* ein Wort mit einem Stein. Wenn man einen Stein in einen Teich wirft, erzeugt er konzentrische Kreise. Das hat sicherlich jeder schon einmal beobachtet. Ein Wort, das zufällig auf unsere Ohren trifft, hat dieselbe Wirkung. An der Oberfläche entstehen Wellen, in der Tiefe löst das Wort endlose Kettenreaktionen aus und zieht Töne, Bilder, Analogien, Erinnerungen, Bedeutungen und Träume hinter sich her. Eine Wort-Bewegung berührt die Erfahrung, das Gedächtnis, die Phantasie und das Unbewusste. Es lohnt sich zu warten, bis sich Wort-Kreise in unserem Inneren gebildet haben. Wenn wir im Reden sofort das nächste Wort hinterherschicken, können wir das, was uns gerade bewegt, nicht wahrnehmen.

Jeder Mensch sucht und findet andere Worte, um sich auszudrücken. Aber letztlich wurzeln wir im selben Urgrund. Es sind elementare Gefühle wie Liebe, Neid, Wut, Sehnsucht, Freude, Rebellion, Trauer, Angst, Lust, Verzweiflung und dergleichen mehr, um die es geht. Wieder und wieder wird davon erzählt – in unendlichen Variationen. Dabei macht es einen Unterschied, ob wir über Gefühle sprechen oder ob wir Gefühlsbilder erschaffen. Eine Diskussion oder ein Vortrag über »Die Schattenseiten des Neides« beispielsweise hat eine ganz andere Wirkung als eine Geschichte, die einem den Neid in personifizierter Form vor

Augen führt. Der Dichter Ovid hat in seinen *Metamorphosen* ein sehr eindrückliches Bild davon geschaffen. Er erzählt in der Sage von »Merkur und Herse« von einer Neidgöttin, die vom Götterboten Merkur zur eifersüchtigen Königstochter Herse geschickt wird, um diese zu strafen. Dabei schildert Ovid drastisch das Leben der Göttin in einer dunklen Hütte in einem düsteren, schattigen Tal. Das Haus ist mit Jauche überschüttet, und die Göttin sitzt an einem Tisch und kaut Schlangenfleisch. Als sie von Merkur um Hilfe gebeten wird, macht sie sich mit ihrem dornigen Wanderstab auf den Weg, um ihr zerstörerisches Gift zu verteilen. Ein düsteres Stimmungsbild, das einen schaudern lässt. Doch gleichzeitig berührt diese Geschichte und macht den Neid als Urgefühl spürbar.

Märchen und Mythen

Märchen und Mythen sind Geschichten, die so nie passiert sind und doch ständig geschehen. In bildhafter Sprache vermitteln sie »Wahrheiten«, die uns alle betreffen. Wenn wir diese Geschichten hören oder selbst erzählen, spüren wir die Kraft, die in ihnen liegt, und oft auch Verbindungsfäden zu unserem eigenen Leben. »Gute Geschichten ähneln Samenkörnern, die jahrtausendelang luftdicht verschlossen in den Kammern der Pyramiden gelegen und ihre Keimkraft bis auf den heutigen Tag bewahrt haben«, schreibt Walter Benjamin. Im Gegensatz zur Information, die nur wirkt, solange sie neu und aktuell ist, bewahrt eine Erzählung ihre Kraft und ist auch noch nach langer Zeit der Entfaltung fähig.

Einer der ältesten überlieferten Erzählstoffe ist die *Odyssee* des Dichters Homer. Fast 3000 Jahre ist die Geschichte alt. Unzählige Themen und Motive stecken darin, die uns auch heute noch bewegen. »Abenteuer erlebt nur der, der sie zu erzählen weiß«, hat Henry James einmal gesagt. Odysseus ist nicht nur ein tapferer und listiger Abenteurer, sondern auch ein großer Erzähler. Auf der Insel der Phäaken, die er am Ende seiner Irrfahrt als Schiffbrüchiger erreicht, berichtet er am Königshof von seinen Erfahrungen. Und wir können uns vorstellen, dass er seine Geschichten nach der Heimkehr noch viele Male erzählt hat. Zuallererst sicherlich seiner Frau Penelope, die immerhin zwanzig Jahre auf ihn gewartet hat …

Stellen Sie sich vor, Ihr Mann bricht zu einer Geschäftsreise auf und kehrt erst nach zwanzig Jahren wieder zurück. Natürlich wollen Sie wissen, wo er war, was ihn aufgehalten hat und was in all den Jahren geschehen ist. Und Ihr Mann erzählt – von entbehrungsreichen Tagen und Nächten, von gefährlichen Ungeheuern, von erbitterten Kämpfen und großen Gefahren, von zauberhaften Frauen, schwierigen Entscheidungen und lebensbedrohlichen Fehlern, von überraschender Hilfe in der Not und göttlicher Führung. Die Trennung zweier Menschen, zweier Liebender im Besonderen, und ihr Wiedersehen nach langer Zeit, das gegenseitige Erzählen der jeweiligen Geschichten, der Erfahrungsaustausch im persönlichen Gespräch – all das ist und bleibt aktuell.

Die großen Götter- und Heldensagen haben viel mit unserem Alltagsleben zu tun. Das, was die Götter auf dem Olymp bewegt, ist dem ähnlich, was die Menschen beschäftigt. Und das, was all die Söhne und Töchter in den Märchen erleben, die in die Welt hinausziehen, die Wege, die sie gehen, die Aufgaben, die sie zu lösen haben, die Versuchungen, denen sie widerstehen müssen, all das spiegelt viel von dem, was uns im Leben begegnet und uns immer wieder aufs Neue herausfordert. Denken Sie an die Grimmschen Märchen, die ja ursprünglich nicht für Kinder, sondern für Erwachsene erzählt und aufgeschrieben wurden. Die großen Lebensthemen sind darin verwoben. Deswegen lohnt es sich, die alten Geschichten zu erinnern, sie lebendig zu halten und erzählend in den Alltag zu integrieren. Diese Stoffe packen uns an den Wurzeln und kommen dennoch im Kleid der Geschichte luftig, leicht und spielerisch daher. Kraftvolle Geschichten wie die *Odyssee* bieten uns Modelle für die Fragen unseres Alltagslebens: positive Modelle, wie man etwas lösen oder bewältigen kann, negative Modelle, wie etwas nicht funktioniert oder zum Scheitern verurteilt ist, oder auch Suchmodelle, in denen wir unsere eigenen Herzensfragen entdecken können. Die Märchen-, Mythen- und Sagenwelt steht in unmittelbarer Wechselwirkung mit unserem Alltag.

Homöopathische Kügelchen

Geschichten können Medizin sein. Schamanen und Weise wissen seit Langem um ihre Heilkraft. Die Wirkung ist ähnlich wie bei einem homöopathischen Kügelchen. Nach dem Prinzip »Gleiches mit Gleichem heilen« gerät eine bestimmte Geschichte mit einem bestimmten Menschen in Resonanz. Dadurch entstehen – wie beim Stein, der ins Wasser geworfen wird – Bewegungsmuster im Inneren. Erst einmal unbemerkt arbeitet das Gehörte weiter, erinnert die Person vielleicht Tage später an ein Erlebnis, rührt sie auf einmal zu Tränen oder lässt sie unvermittelt im Supermarkt schmunzeln. Geschichten sind nachhaltig. Ihre Wirkung ist zeitversetzt zu spüren. Auf einmal fällt einem eine

Szene aus einer Geschichte ein und öffnet in diesem Augenblick eine innere Tür. Auf einmal zeigt sich eine Verbindung von der Prinzessin im Märchen, die auf ihre Erlösung wartet, zu unserem eigenen Leben. Auf einmal verstehen wir, warum die Eltern von Hänsel und Gretel so hart handelten, als sie ihre Kinder in den Wald schickten, oder warum Schneewittchen immer wieder auf die Verlockungen der bösen Stiefmutter hereinfiel. Wir fühlen, wie es Odysseus ergangen sein muss, als er sich nicht entscheiden konnte, welches der beiden Ungeheuer – Skylla oder Charybdis – das kleinere Übel von beiden war. Und möglicherweise können wir nachvollziehen, dass er schließlich weder das eine noch das andere riskieren wollte, sondern versuchte, den Weg der Mitte zu gehen: ein bisschen Gefahr von beiden Seiten, in der trügerischen Hoffnung, damit letztlich beiden Ungeheuern zu entkommen. Und wer kennt nicht die Zauberkraft mancher Frauen, die wie die schöne Circe Odysseus und seine Männer im wahrsten Sinne des Wortes becircen. In all diesen Motiven steckt das Leben selbst in all seinen Variationen. Jeder hört das, was er braucht. Doch nicht nur hinter den Worten ist eine Welt verborgen, sondern auch dazwischen. Eine Pause spricht oft Bände.

Warum Pausen wichtig sind

»We began before words and we will end beyond them.«
Unser Anfang liegt vor den Worten, unser Ende jenseits von ihnen.
(Ben Okri)

Warum Pausen wichtig sind

Als professionelle Erzählerin lebe ich vom Wortwechsel, vom Erzählen und Zuhören, vom Kontakt mit Menschen. Geschichten sind meine Leidenschaft und mein Beruf. Und doch – oder gerade deswegen – erlebe ich Momente, in denen mir das Reden unerträglich wird. Ich wünsche mir dann, meine Ohren zu schließen, so wie man die Augen schließen kann, und in die Stille zu gehen. Auf einmal werde ich unruhig, kann Gespräche schwer aushalten, möchte verstummen und eine Weile nur noch nonverbal kommunizieren. Dann weiß ich: Ich brauche dringend eine Pause!

Die »innere Leinwand« ist übervoll mit Eindrücken. Es ist höchste Zeit, in meiner Vorstellung ein neues, weißes, unbeschriebenes Blatt Papier aufzuziehen und die vollgeschriebenen und bunt bemalten Seiten abzunehmen, zusammenzurollen und in die Ecke zu stellen. »Sometimes I think our days are poisened with too many words«, schreibt der spirituelle Meister Ben Okri. Zu viele Worte können uns überfluten und bis zur Erschöpfung ermüden. Dann haben wir Stille nötig, um die Bewegungen der Seele zur Ruhe zu bringen und die Oberfläche des Sees wieder glatt werden zu lassen.

Die innere Leinwand

Meine Erzählseminare beginne ich oft mit einer Phantasiereise, bei der innerlich Raum entstehen kann für Neues. Wenn die Menschen in meinen Kurs kommen, liegt bereits ein Tag voller Eindrücke hinter ihnen. Die Köpfe sind angefüllt mit Erlebnissen, Gesprächen und Bildern. Es tut gut, bevor man sich neuen Geschichten zuwendet, erst einmal die Augen zu schließen, nach innen zu spüren und das innere Tagesbild genau zu betrachten. Bei dem einen Menschen ist da vielleicht die Tochter zu sehen, die morgens zu spät aufstand und deswegen den Schulbus verpasste, der ärgerliche Wortwechsel mit ihr und die überraschende Möglichkeit, dass die Nachbarin das Kind mit zur Schule nehmen kann. Ein anderer sieht die vielen bunten Früchte, zwischen denen er sich beim Einkauf auf dem Markt mittags nur schwer entscheiden konnte. Wieder ein anderer hat das innere Bild seines Freundes vor Augen, der sich ein neues Hemd gekauft hat und es stundenlang stolz vorführte. Oder jemand hört beim Betrachten der Leinwand noch einmal das lange Gespräch mit der Tante am Telefon, spürt den Ärger mit der Bank wegen einer nicht ausgeführten Überweisung und leidet bei der Erinnerung an die Migräneattacke am Nachmittag. Wieder ein anderer blickt möglicherweise auf seine To-do-Liste, die er morgens geschrieben, dann aber nur zur Hälfte abgearbeitet hat, und spürt ein Gefühl der Müdigkeit, das wie ein grauer Schleier über seinem Tag liegt.

Jeder hat sein Bild vor Augen und erinnert sich an die Geschehnisse des Tages. Am Ende fordere ich alle auf, dieses Bild – ganz gleich, was sich darauf befindet – bewusst von der »inneren Staffelei« zu nehmen, zusammenzurollen und an einer selbst gewählten, imaginären Stelle zu verstauen. Wer will, kann sein Bild auch in den Papierkorb werfen. Es gibt Bilder, die möchte man behalten, andere kann man getrost entsorgen. Anschließend zieht jede und jeder in Gedanken innerlich eine neue weiße Leinwand auf, um diese mit frischen Eindrücken zu bemalen.

Was ist auf Ihrer inneren Leinwand zu sehen? Schließen Sie für ein paar Minuten die Augen und tauchen Sie ein in die Bilder des Tages. Entscheiden Sie dann bewusst, was Sie davon bewahren und was Sie loswerden möchten. Und ziehen Sie am Ende eine neue Leinwand auf.

Verstummen

Wir brauchen diese imaginäre unbeschriebene Leinwand, um uns selbst und anderen aufmerksam zuzuhören. Es muss Ruhe einkehren in unseren Köpfen und Herzen, wir brauchen leeren Raum, um neue Eindrücke aufzunehmen. Auch geistige Nahrung wie z. B. Gespräche müssen verdaut werden, und dafür müssen immer wieder Worte, Sätze, innere Bilder und Erinnerungen »ausgeschieden« werden. Sprechen wurzelt in der Stille. Geschichten werden im Schweigen geboren.

Wer gern und viel erzählt, weiß in der Regel auch um das Gegenteil des Sprachflusses. Keiner hat die Garantie, dass seine Worte unablässig fließen. Manchmal verschlägt es einem die Sprache. Der Wortschwall versiegt.

In seinem Roman *Harun und das Meer der Geschichten* erzählt der Schriftsteller Salman Rushdie vom Geschichtenerzähler Raschid Khalifa, der einen nie versiegenden Strom langer, kurzer und verschlungener Erzählungen von sich gibt. Doch eines Tages verstummt Khalifa. Kein Wort kommt mehr über seine Lippen. Wie sich bald herausstellt, ist ihm – aufgrund eines traumatischen Erlebnisses – der »Erzählwasserhahn« abgedreht worden und damit sein Zugang zum Meer der Geschichten verloren gegangen. Sein Sohn Harun macht sich schließlich auf den Weg, um seinem Vater die Sprache wiederzubringen. Ein spannender, phantasievoller Roman über ein bewegendes Thema. Interessanterweise findet sich dasselbe Thema bei vielen Erzählern. Auch der Autor Rafik Schami beschäftigt sich in seiner Geschichte *Erzähler der Nacht* mit dem unerwarteten Verstummen. Bei ihm ist es der Kutscher Salim, der eines Tages ganz überraschend von seiner »Erzählfee« verlassen wird. Zum Abschied schenkt sie ihm noch 21 letzte Worte, die Salim allerdings so geschickt einzusetzen versteht, dass es für ihn am Ende doch Rettung aus der Sprachlosigkeit gibt.

Was würden Sie sagen, wenn Sie plötzlich erführen, dass Sie nur noch 21 Wörter zur Verfügung hätten? Ein solch begrenzter Raum an Ausdrucksmöglichkeit kann uns den Wert jedes einzelnen Wortes bewusst machen.

21 Wörter, die Ihnen am Herzen liegen

Stellen Sie sich vor, Ihnen stünden – wie Salim, dem Protagonisten von Rafik Schamis Geschichte »Erzähler der Nacht« – nur noch 21 letzte Wörter zum Erzählen zur Verfügung. Welche würden Sie wählen?

1 ______________________________

2 ______________________________

3 ______________________________

4 ______________________________

5 ______________________________

6 ______________________________

7 ______________________________
8 ______________________________
9 ______________________________
10 ______________________________
11 ______________________________
12 ______________________________
13 ______________________________
14 ______________________________
15 ______________________________
16 ______________________________
17 ______________________________
18 ______________________________
19 ______________________________
20 ______________________________
21 ______________________________

Reden und Schweigen. Erzählen und Verstummen. Das eine ist im anderen enthalten. Besonders eindrücklich habe ich dies einmal bei einer Lesung mit Texten von Robert Gernhardt erlebt. Der Kabarettist Lutz Görner sprach Gedichte und Geschichten aus der Reihe »Spaßmacher und Ernstmacher«. An einer Stelle im Programm verkündete der Rezitator auf einmal: »Sehr verehrtes Publikum, ich bleib jetzt drei Minuten stumm.« Dann schloss er den Mund, blickte schweigend auf seine Armbanduhr und verharrte drei Minuten in dieser Pose. Es war erstaunlich, was in dieser Zeit im Publikum geschah: Zunächst verblüfftes Schweigen. Dann leises Gelächter. Dann Ruhe. Dann vereinzeltes Gemurmel. Unbehagliches Hüsteln. Hier und da empörtes Aufstöhnen. Worte des Unwillens. Wieder Gelächter, diesmal lauter und ein wenig aggressiv. Dann Unruhe. Als Lutz Görner den Mund wieder öffnete und das Gernhardt-Gedicht mit einigen schnell gesprochenen Versen beendete, war nicht nur Erleichterung zu spüren; im Raum waren auch jede Menge Geschichten lebendig geworden. Es summte und brummte geradezu von Gefühlen und innerer Bewegung. Und ich bin sicher, wäre das Programm nach dieser »Nummer« in eine Pause gegangen, es hätten sich im Publikum lebhafte Gespräche entsponnen. Wir sollten auch im Alltag ab und zu einfach einmal drei Minuten stumm bleiben!

Die Kraft des Wassers
Eine Geschichte über das Schweigen

Es waren einmal ein Mann und eine Frau, die sich unaufhörlich stritten. Kurz nach der Hochzeit begannen die Wortwechsel und wollten einfach kein Ende nehmen. Da klagte die Frau eines Tages einer Freundin ihr Leid. Diese wusste Rat: »Geh zum weisen Alten auf dem Berg, der kennt für jedes Problem eine Lösung.«

Die Frau machte sich sogleich auf den Weg. Und tatsächlich: Der weise Alte nickte wissend mit dem Kopf, als er von den Sorgen der Frau hörte. Dann holte er ein kleines Fläschchen aus einem alten Schrank, füllte es mit Wasser, gab es der Frau und sprach zu ihr: »Bei jedem Streit mit deinem Mann nimm einen Schluck davon in den Mund, aber spuck es nicht aus und schluck es nicht hinunter!«

Kaum war die Frau nach Hause zurückgekehrt, begann ihr Mann wieder zu streiten. Die Frau wollte schon die gewohnten Widerworte sprechen, da erinnerte sie sich an das Fläschchen, nahm einen Schluck daraus in den Mund, spuckte das Wasser nicht aus und schluckte es auch nicht hinunter. Und während ihr Mann schimpfte, behielt die Frau das Wasser im Mund. Als der Mann merkte, dass er gar keine Antwort bekam, verstummte er schließlich. Und man erzählt sich, dass bei den beiden seither wieder Ruhe und Frieden eingekehrt ist. So viel Kraft hat das Wasser!

Klappe halten!

Pausen sind notwendig, um selbst Luft zu holen. Pausen brauchen wir aber auch, um anderen Menschen Raum zu geben, damit sich jeder auf seine Art und in seinem Tempo in eine Unterhaltung einbringen kann. Viel zu oft achten wir nicht auf den Sprechrhythmus anderer, schneiden ihnen das Wort ab und unterbrechen sie in ihrem Redefluss. Auch folgende Situation kennen Sie gewiss: In einer größeren Runde sind es oft ein oder zwei Personen, die das Gespräch bestimmen. Sie sind einfach schnell mit den Worten, haben immer gleich Argumente parat, und ihre Schlagfertigkeit ist kaum zu bremsen. Doch es gibt auch langsamere Redner, die ihre Gedanken erst ordnen müssen und mehr Zeit brauchen, dem Gesprächsfluss zu folgen und sich einzubringen. Ein langsamer, genauer Denker und Sprecher findet nicht so leicht eine Möglichkeit, das Wort zu ergreifen. Gerade für ihn ist es notwendig, den Redestrom um sich herum hin und wieder zu unterbrechen. Dabei muss man aktiv für ein Stopp der Worte sorgen. Aus der Stille, die dann einkehrt, können neues Sprechen und eine andere Dynamik des Gesprächs erwachsen.

Missverständnisse kennt jeder. Besonders in näheren Beziehungen geschieht es leicht, dass sich Gesprächsfäden verknoten, sich zu straff spannen oder schlaff durchhängen. Dann fühlen wir uns verwirrt. Wir wissen nicht mehr, welchem Faden wir folgen sollen, verlieren die Orientierung, und das kann hilflos, traurig oder auch wütend machen. Wir sind in Unruhe und können keinen klaren Gedanken mehr fassen. Worte helfen an dieser Stelle nicht weiter. Letztlich ist hier ein kurzes, klares Kommando nach innen und nach außen am wirkungsvollsten: *Klappe halten!* Damit bringen wir das Geplapper in uns und um uns herum für einen Moment zum Schweigen. Halten wir inne. Sortieren wir in Ruhe die Fäden. Lösen wir die Knoten. Wickeln wir den Wollknäuel wieder auf. Und nehmen wir für eine Weile einen Schluck Wasser in den Mund – aber nicht ausspucken und nicht herunterschlucken …

Was man in der Erzählrunde lernen kann

»Wir sind Mensch geworden, als wir einen Kreis gebildet haben
und anfingen, einander zuzuhören.«
(Christina Baldwin, Calling the Circle)

Was man in der Erzählrunde lernen kann

In einem Kreis herrscht auf besondere Art und Weise Konzentration. Wenn Menschen im Kreis sitzen, versammeln sie sich um eine Mitte, zu der jeder gleichermaßen Zugang hat. Es gibt keine besseren oder schlechteren Plätze, kein oben oder unten. Im Kreis herrscht Gleichberechtigung.

Wenn Menschen im Kreis sitzen, sind sie einander zugewandt. Gespräche im Kreis haben eine andere Kraft als Diskussionen, die in einem in Reihen bestuhlten Vortragssaal stattfinden. Für manche Menschen ist der unmittelbare Kontakt im Kreis ungewohnt. Man hat keinen schützenden Tisch und keine anderen Menschen vor sich, hinter denen man sich verstecken kann. Jeder ist für jeden sichtbar. Alle sind miteinander verbunden, und das ist spürbar.

Im Kreis sitzen

In den indianischen Kulturen gibt es eine Gesprächsform, die ganz auf dem Erzählen im Kreis basiert. Dort wird ein »Council« gehalten, eine Ratsversammlung. Wenn mehrere Menschen ein Thema besprechen oder ein Problem lösen wollen, geschieht Folgendes: Die Gruppe versammelt sich an einem rituellen Platz und setzt sich dort im Kreis auf den Boden. Einer in der Runde benennt das Thema, um das es im Council gehen soll. Anschließend wandert ein »Talking Stick« (Redestab) in der Runde herum. Derjenige, der den Stab in Händen hält, spricht. Danach wird der Stab an den Nachbarn weitergereicht. Wer den

Redestab in Händen hält, befolgt folgende Regeln: Er spricht spontan aus dem Augenblick heraus. Und er spricht von Herzen das aus, was ihn das Thema betreffend bewegt. Jeder, der den Redestab hat, sollte über Wesentliches sprechen, immer in dem Bewusstsein, dass er die volle Aufmerksamkeit der gesamten Runde genießt.

Jeder Redner gibt das in die Mitte des Kreises, was ihm wichtig ist. Das kann ein Lied sein, eine Geschichte, bestimmte Argumente, ein persönliches Erlebnis, etwas, das er zum Thema gehört oder gelesen hat, oder auch etwas, was ihm einfach in diesem Moment einfällt. Es gibt kein richtig oder falsch, kein besser oder schlechter – jeder wird mit seinem Beitrag gehört. Jeder hat seine Redezeit.

Der »Talking Stick« kreist so lange, bis sich in der Mitte der Ratsversammlung eine Antwort, eine Lösung, Klarheit oder auch einfach Sättigung einstellt. Am Ende ist symbolisch das in der Mitte zu finden, was von allen gemeinsam gestaltet worden ist. Keiner geht mit dem Gefühl nach Hause, nicht gehört worden zu sein. Jeder hatte seinen Raum und die Möglichkeit, sein Eigenes einzubringen. Das »Ergebnis« in der Mitte des Kreises ist am Ende mehr als die Summe seiner Teile.

Council halten

Ich habe selbst schon mehrere Councilrunden miterlebt und dabei die Erfahrung einer erfüllenden und kraftvollen Kommunikationsform gemacht. Es wird erzählt statt diskutiert. Es werden Geschichten eingebracht statt endloser Argumentationsketten. Kreatives kann unkommentiert neben Sachlichem stehen und sich im passenden Augenblick damit verbinden. Es werden viele verschiedene Ideenfäden gesponnen und von einer unsichtbaren, kreativen »Spinne« in der Mitte verwoben. Es entstehen Verbindungen von einem Teilnehmer zum anderen, es entstehen Knotenpunkte, die mehrere Fäden verknüpfen, und nach und nach entspinnt sich auf diese Weise ein Netz, das genau so viele Fixpunkte hat, wie Menschen am Rat teilnehmen. Das Gespinst, das schließlich imaginär die Kreismitte bedeckt, zeigt Farben, Linien, Muster und Strukturen, die für alle, die beim Council mitgeredet und das Netz mitgestaltet haben, neue Einsichten bringen können.

Aufmerksames Zuhören

Der wesentliche Schlüssel für eine gelingende Ratsversammlung ist eindeutig: Es wird aufmerksam zugehört. Wer den Vorrednern nicht lauscht, sondern im Kopf bereits seinen eigenen Redebeitrag vorbereitet, verpasst das, was die anderen in die Runde geben. Und nur allzu oft wird dabei nicht nur Wesentliches, sondern genau das gesagt, was man selbst zum Ausdruck bringen will. Wer den anderen nicht zuhört, lässt den roten Faden los und kann nichts von dem aufgreifen und weiterentwickeln, was schon gesagt worden ist. Argumente und Gegenargumente werden im Council nicht – wie wir es aus Diskussionen kennen – zwischen zwei Kontrahenten hin und her gespielt, sondern jeder Redebeitrag ist an die gesamte Runde gerichtet. Dadurch fährt sich ein Gespräch nicht fest, sondern bleibt im Kreis fließend in Bewegung.

Immer wenn ein Redner geendet hat, beschließt er seinen Beitrag durch einen bestätigenden Ausruf wie »Haugh!«, »Ich habe gesprochen!«, »So ist es!«, »Amen!«, »Jawohl!« o. Ä. Die gesamte Runde wiederholt daraufhin diesen Ruf. Damit signalisieren die Zuhörer dem Sprecher, dass sie ihn gehört haben, dass sie aufmerksam sind und dass das soeben Gehörte einen Platz im Kreis bekommt.

Ein Council zu halten erfordert Zeit. Ein stabiles Netz aus roten Fäden ist nicht in wenigen Minuten gewebt. Doch die Investition lohnt sich. Denken wir an die Spinne: Sie webt unermüdlich und lässt sich nicht aus der Ruhe bringen. Sobald das Netz fertig ist, setzt sie sich in die Mitte und erntet die Früchte ihrer Arbeit.

Ein Platz für die Muse

In traditionellen Councilrunden gibt es noch eine Besonderheit: Im Kreis wird absichtlich ein Platz freigelassen. Was hat das zu bedeuten? Diese »Leerstelle« wird in den Indianerkulturen Südamerikas »La Invitada« genannt. Es ist der Platz für den unerwarteten Gast. Das kann ein Teilnehmer der Gruppe sein, der später dazustößt. Das kann ein Fremder sein, der zufällig vorbeikommt und etwas aus seiner Sicht zum Thema beiträgt. »La Invitada« kann aber auch die Muse sein, die – unsichtbar – dem Gespräch zur rechten Zeit die entscheidende Wendung gibt. Oder es ist der Platz für ein Tier, das mit seinem Erscheinen auf seine Art ein Zeichen setzt.

Eine Leerstelle oder Lücke erscheint uns oft als etwas Negatives. Es scheint, als ob da etwas fehlte. Dabei kann man es auch genau gegenteilig betrachten: Die offene Stelle in einem Kreis kann ebenso eine Chance sein, aus vorgegebenen Bahnen auszubrechen. Die Lücke kann wieder gefüllt werden: An der offenen Stelle ist Platz für das Überraschende, Unvorhergesehene und Unerwartete. Bei einem Fingerring sitzt an der offenen Stelle der Diamant!

Der innere Rat

Ein Council kann man nicht nur gemeinsam mit anderen Menschen abhalten; man kann auch verschiedene Anteile in sich selbst miteinander ins Gespräch kommen lassen.

Stellen Sie sich beispielsweise eine Ratsversammlung in Ihrem Inneren zum Thema »Kommunikation« vor: Wer sitzt da bei Ihnen im Kreis beisammen? Vielleicht gibt es einen Teil, der gern viel erzählt und jede Menge Ideen hat. Es könnte auch einen Teil geben, der große Angst hat, vor anderen zu sprechen und deswegen lieber schweigt. Möglicherweise gibt es einen perfektionistischen Teil, der unbedingt will, dass alles, was man sagt, gut überlegt ist und in wohlformulierten Worten geäußert wird. Dann mag da noch ein gefühlsbetonter Anteil sein, der Sorge hat, beim Erzählen persönlicher Dinge in Tränen auszubrechen oder vor Lachen nicht mehr weitersprechen zu können. Oder es gibt einen unsicheren Teil, der sich erinnert, dass er früher beim Sprechen manchmal gestottert hat oder rote Flecken im Gesicht bekam vor Aufregung. Und vielleicht sitzt gleich daneben ein selbstbewusster Teil, der weiß, dass das, was er sagt, Hand und Fuß hat.

Ihren persönlichen Kommunikationsanteilen kommen Sie auf die Spur, wenn Sie sich verschiedene Gesprächssituationen Ihres Lebens vor Augen führen und nachspüren, welche Position Sie dabei eingenommen haben. Denken Sie an unterschiedliche

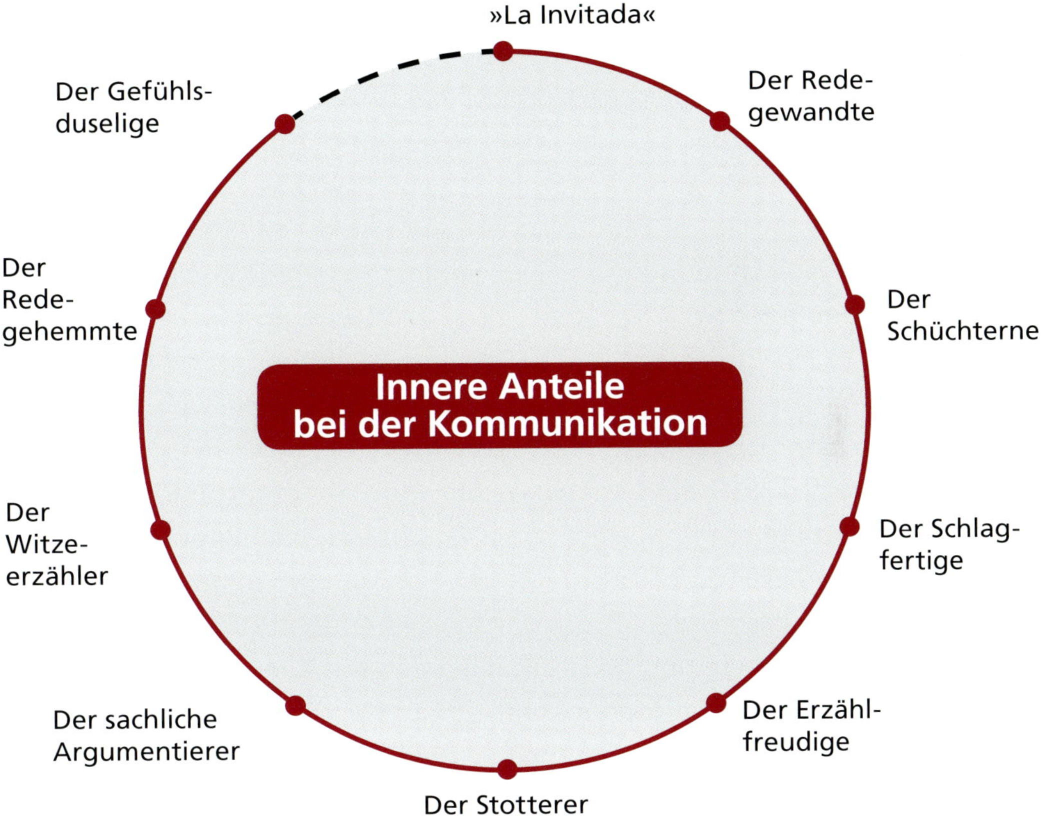

Gesprächspartner in Ihrem Leben (Eltern, Freunde, Arbeitskollegen u. a.), an Gesprächsanlässe in der Vergangenheit (Schule, Elternhaus u. a.) und in Ihrem momentanen Alltag (Beruf, Freundeskreis, Urlaub u. a.). Manche Anteile begegnen Ihnen gewiss häufiger, andere tauchen nur bei bestimmten Gelegenheiten auf. Probieren Sie einmal aus, jedem dieser Anteile innerlich den »Talking Stick« zu übergeben und zuzuhören, was sie Ihnen zu sagen haben.

Das Disney-Prinzip

Ein Mann, der die Methode des inneren Rates aktiv für sein berufliches Leben eingesetzt hat, war übrigens Walt Disney. Er war ein Pionier, der die Kraft der Imagination und verschiedener innerer Anteile bewusst für seine Arbeit nutzte.

Disney arbeitete nicht nur an einem Ort, sondern hatte drei festgelegte Arbeitsplätze. Der erste Platz war sein »Platz der Visionen« – das war sein Raum zum Träumen. Freundlich eingerichtet, ohne Telefon, aber mit Pflanzen und einem großen Fenster, von dem aus man in die Ferne blicken konnte. Hier ließ Disney seine Ideen sprudeln, auch die verrücktesten. Hier ging er mit Freude dem Fluss seiner Phantasien nach, ohne Rücksicht auf Realisierbarkeit und Kritiker. Hier wurde Optimismus gefordert und gefördert. Durch nichts ließ er sich bremsen. Er schrieb auf, skizzierte und diktierte die Ideen auf Band. Mal tat er das allein, mal mit anderen kreativen Köpfen zusammen. Mal saß er in einem Sessel, mal auf dem Boden, mal wanderte er im Raum herum.

Der zweite Raum war der »Platz der Verwirklichung«: In diesem sachlich eingerichteten Büro sammelte Disney alle Informationen, die er brauchte, um aus den Träumen Wirklichkeit werden zu lassen. Hier gab es Telefone, hilfreiche Mitarbeiter und Nachschlagewerke, um die notwendigen Fakten und Informationen zusammenzutragen.

Der dritte Platz schließlich war der »Platz der Prüfung«. Dieser Ort war der kritischen Beobachtung vorbehalten. Ein rechtwinkliger Raum, aufgeräumt, klar möbliert, die Stühle in Reihen gestellt. Hier wurden die Projekte vorgelegt, begutachtet, durchgerechnet, diskutiert und auf Tauglichkeit geprüft.

Keine Sorge, Sie brauchen keine drei Zimmer, um das »Disney-Prinzip« für sich umzusetzen. Es reicht, wenn Sie in einem Raum nacheinander bewusst drei verschiedene Positionen einnehmen. Für den »Platz der Visionen« räumen Sie Ihren Arbeitstisch beiseite, stellen einige Stühle im Kreis oder nutzen den Boden als Sitzgelegenheit. Für den »Platz der Verwirklichung« setzen Sie sich mit Ihren Kollegen konventionell rund um einen Tisch. Und für den »Platz der Prüfung« schließlich platzieren Sie fast alle Stühle an einer Seite des Tischs. Gegenüber steht nur ein Stuhl, auf dem derjenige sitzt, der das Projekt vorstellt. Die anderen diskutieren und kritisieren das Ganze von der Position der Zuhörer aus.

Die Lösung liegt in der Mitte

Council zu halten hat eine lange Tradition. Es ist eine Kommunikationsform der Achtsamkeit. Für Gesprächssituationen im Alltag können wir uns davon inspirieren lassen. Diskussionen, so wie wir sie kennen, lassen wenig Raum, um Atem zu holen, um Unerwartetes einzuladen, um Dinge langsam wachsen zu lassen. Argumente und Gegenargumente werden oft so schnell vorgebracht, dass man keinen Gedanken in Ruhe entwickeln kann. Wie bei einem Pingpongspiel wechselt die Rede, und meist beginnen die Sätze mit: »Ja, aber …«. Gegensätzlichkeiten werden in Beton gegossen, oftmals wird eine Annäherung zwischen verschiedenen Parteien und Meinungen unmöglich. Es geht darum, achtsam zu werden für das, was man wirklich sagen will. Respekt zu haben vor der Aufmerksamkeit der anderen, diese nicht als selbstverständlich zu nehmen oder auszunutzen, indem man endlos redet und keinen Schlusspunkt findet. Wer ein Council mitgestaltet, muss bewusst zuhören. Denn nur so spürt er, wann sich der Kreis schließt, wann alles Wesentliche gesagt ist, wann die Lösung in der Mitte liegt, wann er die Früchte des gemeinsamen Gesprächs nach Hause tragen kann.

Wenn man dem roten Faden folgt …

»Es gibt nicht nur die Gefahr, dass du zu viel riskierst.
Es gibt auch die Gefahr, dass du zu wenig riskierst.
Dem Gehenden schiebt sich der Weg unter die Füße.«

(Martin Walser)

Wenn man dem roten Faden folgt …

Einst wurde Theseus – so geht die Sage – in das Labyrinth des König Minos geschickt, in dessen Mitte ein Ungeheuer lauerte: der Minotaurus. Er war der missgestaltete Sohn des Königs, halb Mensch und halb Stier. Die kluge Prinzessin Ariadne aber war Theseus wohlgesonnen, wollte ihm helfen und gab ihm deswegen ein Geschenk mit auf den Weg, das ihn sicher durch das Labyrinth führen sollte: einen roten Faden. Theseus rollte beim Betreten der verschlungenen Wege den Faden Stück für Stück ab, gelangte bis zur Mitte und folgte dann auf dem Rückweg seiner eigenen Spur. Heute ist der rote Faden als Symbol für Orientierung und Wegführung sprichwörtlich geworden.

Orientierung im Labyrinth

Das Leben kann recht unübersichtlich sein. Wie ein Irrgarten mag sich das zuweilen anfühlen. Man gerät in Sackgassen, verliert die Richtung, weiß nicht mehr ein noch aus und fragt sich, wo der Weg eigentlich hinführt. Wenn wir uns im komplexen Reich der Realität verlaufen haben, ist die eigene Geschichte König. Sie gibt dem Chaos einen Sinn und dem Menschen einen roten Faden an die Hand, der ein sicheres Navigationssystem durchs Leben bietet. Wenn wir uns mit dem verbinden, was schon geschehen ist, und uns das vorstellen, was noch geschehen könnte, zeigt sich eine Verbindung zwischen gestern und morgen. Es entsteht ein Bild, das Altes und Neues miteinander in Beziehung setzt. Am roten Faden entlang können wir in jedem Moment in diesem Bild hin und her spazieren und das erkennen, was sich zusammen- und ineinanderfügt.

Der Faden steht in vielen Kulturen als Symbol für das Schicksal. In der Vorstellungswelt der Griechen spannen drei Schicksalsfrauen, die Moiren, für jedes Menschenleben einen Faden, maßen seine Länge und schnitten ihn dann an der vorherbestimmten Stelle ab. Aus diesem Faden wurde das Leben gewebt. Noch heute sprechen wir davon, dass ein Leben am seidenen Faden hängt, wenn es in Gefahr ist, oder dass ein Lebensfaden durchtrennt wurde, wenn jemand stirbt.

In Gesprächen entspinnen sich jede Menge Fäden, die sich weiterentwickeln und Dinge miteinander verknüpfen. Manchmal reißt ein Faden oder verheddert und verknotet sich. Manchmal verwirren sich unsere Worte. Dann müssen wir uns Stück für Stück herauswinden aus dem Chaos der Gedanken, in das wir verstrickt sind, und den Faden zu einem späteren Zeitpunkt mit frischem Mut neu aufnehmen. Mit einem passenden Leitfaden wird es uns dagegen mühelos gelingen, andere Menschen zu fesseln oder zu umgarnen. Merken Sie, wie Bilder und Worte rund um den Faden und das Handwerk des Spinnens, Webens und Strickens unsere Sprache prägen? Alte Mythen wie beispielsweise die Geschichte von Ariadne und Theseus sind bis heute darin verwoben.

Sich selbst auf der Spur

Jeder Mensch hat seinen eigenen roten Faden. Jeder Mensch hat eine Menge mitzuteilen. Nachdem Sie nun eine Weile lang meinem Erzählfaden durch dieses Buch gefolgt sind, dürfen nun Sie, liebe Leserin, lieber Leser, aus den bunten Ideen und Geschichten, die Ihnen begegnet sind, Ihren eigenen Teppich weben. Je mehr Fäden Sie hineinknüpfen, umso sicherer werden

Sie sich in Gesprächen darauf bewegen. Und wer weiß: Vielleicht beginnt Ihr Teppich eines Tages zu fliegen …

Mit jeder erlebten, gehörten und erzählten Geschichte kommt man sich selbst ein Stück auf die Spur. Immer wieder neu darf man sich die Fragen stellen, die einen auf den Weg bringen:

Wer bin ich?
Was ist meine Geschichte?
Welcher rote Faden zieht sich durch mein Leben?

Von den Wissenden und den Unwissenden
Eine Geschichte zum Weitererzählen

Einmal ging Nasreddin Hodscha auf den Marktplatz seines Dorfes und stellte sich auf den Platz, auf den sich die Geschichtenerzähler stellen. Sofort sammelte sich eine Gruppe von Menschen um ihn und spitzte die Ohren. »Wisst ihr, Leute, was ich euch gleich erzählen werde?«, rief der Hodscha. »Nein!«, antworteten die Leute und rückten neugierig näher. »Ach, wenn ihr so unwissend seid, dann werde ich euch gar nichts erzählen«, sagte da der Hodscha und ging davon.

Am nächsten Tag aber kam er zur selben Zeit auf den Marktplatz und stellte sich erneut auf den Platz, auf den sich die Geschichtenerzähler stellen. Es dauerte nicht lange, da hatten sich wieder die Menschen um ihn versammelt. »Leute, wisst ihr, was ich euch gleich erzählen werde?«, rief der Hodscha. Nun waren die Leute nicht dumm. »Ja!«, schrien sie laut, denn sie erinnerten sich an den vorigen Tag und wollten keine Unwissenden sein, denen die Geschichte vorenthalten wird. Neugierig und voller Erwartung spitzten sie die Ohren. »Ach«, sagte da der Hodscha, »wenn ihr schon wisst, was ich erzählen werde, dann kann ich mir die Worte ja sparen.« Und er ging davon.

Die Leute auf dem Marktplatz wurden ärgerlich. Sie wollten jetzt unbedingt die Geschichte hören. Und so sprachen sie sich miteinander ab: Falls Nasreddin Hodscha morgen noch einmal auf den Marktplatz kommt und uns wieder fragt, ob wir wissen, was er erzählen wird, dann soll die Hälfte von uns »Nein« und die andere Hälfte »Ja« rufen. Auf diese Weise muss er uns die Geschichte erzählen!

Und wirklich, am nächsten Tag zur selben Stunde kam Nasreddin Hodscha wieder auf den Markt und stellte sich auf den Platz, auf dem die Geschichtenerzähler stehen. Als sich die Menschen um ihn geschart hatten, rief er wie die Tage zuvor: »Leute, wisst ihr, was ich euch gleich erzählen werde?« – »Ja!«, riefen da die einen. »Nein!«, riefen die anderen. »Wunderbar!«, sagte da der Hodscha. »Dann können es ja die, die es schon wissen, denen, die es noch nicht wissen, erzählen.« Und er ging davon.

Anhang

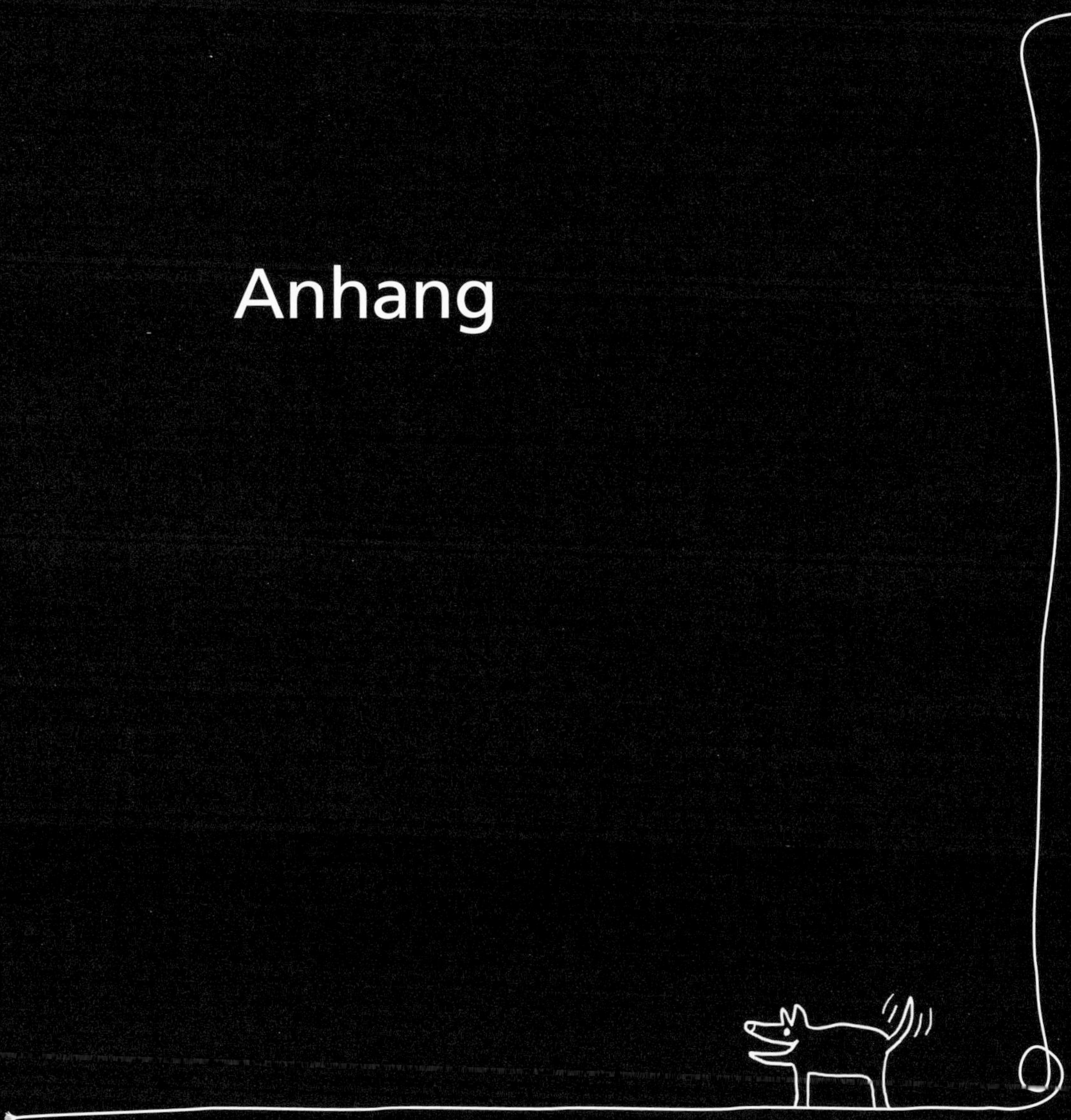

Die Geschichten in diesem Buch

Alle Geschichten stammen aus der mündlichen Überlieferung und sind mir irgendwann zu Ohren gekommen. Ich danke allen Erzählerinnen und Erzählern, die sie mir zugetragen haben. Die Geschichte von Paddy (siehe S. 149ff.) habe ich zuerst von Gidon Horowitz gehört; die Schriftfassung, die hier wiedergegeben ist, orientiert sich an der Fassung in seinem Buch *Gefangen im Schnee – Ein Abenteuer mit Märchen, Höhlen und Lawinen* (Freiamt, Arbor Verlag 2000). Der »Froschkönig rückwärts« ist eine Geschichtenspielerei von mir.

Die Spielimpulse in diesem Buch

Alle kreativen Anregungen in diesem Buch habe ich in den letzten Jahren in meiner Erzählpraxis eingesetzt und dabei eine Menge beeindruckender Geschichten gehört. Ich danke allen Kursteilnehmerinnen und Kursteilnehmern für die aktive Mitgestaltung. Manche Ideen stammen aus dem Improvisationstheater und wurden von mir an das Erzählen angepasst. Allen Kolleginnen und Kollegen, die mich durch ihre Arbeit inspiriert haben, gilt mein herzlicher Dank.

Vom Erzählen erzählen

Im Folgenden finden Sie ausgewählte Bücher, die alle auf ihre Weise vom Erzählen erzählen. Diese Bücher waren und sind mir Inspiration und wichtige Wegbegleiter.

Baliani, Marco: »Die Erinnerung des Gefühls. Gedanken eines Geschichtenerzählers«. In: Wolfgang Schneider (Hrsg.): *Kinder- und Jugendtheater in Italien.* Frankfurt am Main 1996.
Hier denkt ein Schauspieler über das Erzählen nach und bringt in einer sehr dichten Abhandlung viele spannende Gedanken und Gefühle zu Papier. »Geschichten zu erzählen, heißt Zeit zu verlieren, und es gibt kein unmittelbar sichtbares oder messbares Ergebnis, das für die verlorene Zeit entschädigt.«

Benjamin, Walter: »Der Erzähler. Betrachtungen zum Werk Nikolai Lesskows.« In: Walter Benjamin: *Illuminationen. Ausgewählte Schriften 1.* Suhrkamp Verlag, Frankfurt am Main 1974.
In diesem Essay über einen russischen Schriftsteller entwickelt Walter Benjamin viele interessante Gedanken über die Qualitäten der Erzählkunst und betont besonders, dass das Geschichtenerzählen gerade im Zeitalter der Informationsflut wieder mehr Aufmerksamkeit erhalten muss. »Der Erzähler nimmt, was er erzählt, aus der Erfahrung; aus der eigenen oder berichteten. Und er macht es wiederum zur Erfahrung derer, die seiner Geschichte zuhören.«

Bucay, Jorge: *Geschichten zum Nachdenken.* Fischer Taschenbuch Verlag, Frankfurt am Main 2009.
Jorge Bucays poetische Phantasie kennt keine Grenzen. Sie entdeckt Länder, so neu und unerhört wie unsere Träume und doch so nah und vertraut wie die unzähligen Geschichten unseres Lebens. Auf verblüffende Weise werden große und kleine Wahrheiten angesprochen.

Bucay, Jorge: *Komm, ich erzähl dir eine Geschichte.* 3. Auflage, Fischer Taschenbuch Verlag, Frankfurt am Main 2008.
Wie begegnet man den Wirrnissen des Lebens? Mit Geschichten, sagt Jorge Bucay, der die Gabe hat, das Komplizierte einfach werden zu lassen. Durch Märchen, Sufi-Gleichnisse, Zen-Weisheiten, antike Sagen oder auch selbst Erfundenes hilft in diesem Buch ein Therapeut einem Mann, seine Ängste und Probleme besser zu verstehen.

Cameron, Julia: *Von der Kunst des Schreibens … und der spielerischen Freude, Worte fließen zu lassen.* Knaur Taschenbuch Verlag, München 2003.
Ein Plädoyer für das Schreiben als tägliches Selbstgespräch und kreativen Selbstausdruck. Es ermutigt, »sich einfach hinzusetzen« und »es zu tun«. Vieles aus diesem Buch gilt gleichermaßen für das freie mündliche Erzählen und das tägliche Gespräch mit anderen Menschen. Ein unterstützendes Buch, das mich beim Schreiben begleitet hat.

Campbell, Joseph: *Die Kraft der Mythen. Bilder der Seele im Leben des Menschen.* Patmos Verlag 1994.
Ein reich bebildertes Buch über die Kraft mythischer Vorstellungen. Die Sprache des Mythos erweist sich – ähnlich wie die des Traums – als eine Quelle der Lebenshilfe. Im Interviewgespräch beschreibt Campbell die Mythologie als »innere Landkarte von Erfahrungswelten, gezeichnet von Menschen, die sie bereist haben«.

Gerndt, Helge / Wardetzky, Kristin (Hrsg.): *Die Kunst des Erzählens. Festschrift für Walter Scherf.* Verlag für Berlin-Brandenburg, Potsdam 2002.
In diesem Sammelband über das Erzählen kommen ganz unterschiedliche Stimmen zu Wort. Aus verschiedenen Perspektiven werden Probleme und Möglichkeiten des Erzählens ausgelotet. Märchenerzählen heute: Tradition oder Kleinkunst? Erzähler spielen oder Erzähler sein? Das Ende der alten Geschichten? Wer im Zeitalter der Massenmedien solche Fragen stellt, kann in diesem Buch Antworten finden.

Moeller, Michael Lukas: *Die Wahrheit beginnt zu zweit. Das Paar im Gespräch.* Rowohlt Verlag 2007.
Das Zwiegespräch als ritualisierte Gesprächsform zwischen zwei Personen ist eine spannende Möglichkeit, bewusstes Erzählen und Zuhören zu üben. Es trägt nicht nur zu verbesserten Paarbeziehungen bei, sondern schult ganz allgemein die Achtsamkeit im Gespräch mit anderen Menschen.

Oehlmann, Christel: *Einfach erzählen! Ein Übungsbuch zum freien und gestalteten mündlichen Erzählen.* 2. Auflage. Junfermann Verlag, Paderborn 2007.
Dieses Buch ist ein Klassiker für alle, die das mündliche Erzählen für Kinder oder Erwachsene lernen möchten. Mit vielen Übungen und Ideen bringt Christel Oehlmann die Leserinnen und Leser dazu, Märchen und Geschichten frei zu erzählen – mit Handpuppen, Figuren, Gegenständen oder auch ganz schlicht, ohne Requisiten, nur von Mund zu Ohr.

Rodari, Gianni: *Grammatik der Phantasie. Die Kunst, Geschichten zu erfinden.* 2. Auflage. Reclam Verlag, Leipzig 1999.
Gianni Rodari ist ein humorvoller, inspirierender Erzähler, der als Grundschullehrer mit den Kindern in seinen Klassen viele kreative Sprachspiele ausprobiert hat, um die Phantasie in Gang zu setzen. Einige seiner Ideen finden Sie auch in diesem Buch (siehe besonders Kapitel 2).

Schami, Rafik: *Vom Zauber der Zunge. Reden gegen das Verstummen.* Deutscher Taschenbuch Verlag, München 1998.
Der großartige Erzähler aus Syrien hat in diesem kleinen, aber feinen Büchlein mehrere Vorträge über das Erzählen zusammengefasst. Er beschreibt u. a. eine Zugbegegnung, während der eine alte Frau ihm auf der Fahrt so lebendig aus ihrem Leben erzählt, dass sie sich an der Endstation ihrer Reise in eine junge Frau verwandelt hat. Der Zauber der Zunge hat sie verjüngt.

Wardetzky, Kristin: *Projekt Erzählen.* Schneider Verlag Hohengehren, Baltmannsweiler 2007.
Erzählen hat seine Faszination in unserer von technischen Medien dominierten Kultur nicht eingebüßt. Im Gegenteil, es ist weltweit im Aufwind. Die in diesem Band versammelten Aufsätze erörtern dieses Phänomen unter verschiedenen Aspekten.

Eine kleine Bibliothek »guter Geschichten«

Im Folgenden finden Sie ausgewählte Bücher mit »guten Geschichten«, deren Autorinnen und Autoren auf unterschiedliche Weise der mündlichen Erzähltradition verbunden sind.

ben Izzy, Joel: *Der Geschichtenerzähler oder das Geheimnis des Glücks.* Herder Verlag, Freiburg 2005.
Die Lebensgeschichte Joel ben Izzys ist die eines Geschichtenerzählers, der jahrelang durch die Welt reist, bis er eines Tages seine Stimme verliert. Eingebettet in 14 kleine Weisheitsgeschichten schildert ben Izzy seinen persönlichen Erzählweg.

Carriere, Claude: *Der Kreis der Lügner. Die Weisheit der Welt in Geschichten.* Diana Verlag 1999.
In diesem Buch findet sich eine Vielzahl von Weisheitsgeschichten. Erzählstoff für alle Gelegenheiten – Eindeutiges und Widersprüchliches, so vielfältig wie das Leben selbst (nur noch antiquarisch erhältlich).

Ende, Michael: *Die unendliche Geschichte.* Thienemann Verlag, Stuttgart 1979.
Das bekannte und vielfach ausgezeichnete Meisterwerk eines großartigen Autors, das von der Kraft der Phantasie und den Gefahren der Phantasielosigkeit erzählt. Sich selbst zu vertrauen, das zu tun, was man im Innersten will, und zur rechten Zeit das rechte Wort auf den Lippen zu haben – daran erinnert uns dieses Buch.

Ende, Michael: *Momo.* Thienemann Verlag, Stuttgart 1973.
Wenn jemand zuhören kann, dann ist es das Mädchen Momo. Sie kann so zuhören, dass den Menschen beim Reden die besten Ideen kommen. Und sie hat eine Schildkröte zur Freundin, die durch ihre Langsamkeit die Zeit anhält und jeden, der ihr Schritt für Schritt folgt, zum Wesentlichen führt.

Estés, Clarissa Pincola: *Die Wolfsfrau. Die Kraft der weiblichen Urinstinkte.* Wilhelm Heyne Verlag, München 1993.
Dieses Buch ist voller Geschichten und Gesänge. In Märchen und Mythen zeigt die »Cantadora« Clarissa Pincola Estés die schlummernde weibliche Kraftquelle, die jede Frau in sich trägt. Eine Hommage an die Intuition und die Heilkraft traditioneller Geschichten.

Gaarder, Jostein: *Der Geschichtenverkäufer.* 3. Auflage. Deutscher Taschenbuchverlag, 2006.
Ein Mann hat so viele Ideen für gute Geschichten, dass er beginnt, damit zu handeln. Er ahnt nicht, dass die verkauften Ideen gefährlicher werden als das Leben selbst. Ein spannender Roman eines großen Geschichtenerzählers.

Gerndt, Cordula Carla: *Der Nachterzähler. Eine Traumreise um die Welt für die ganze Familie.* Horncastle Verlag 2008.
Der Nachterzähler ist ein Zauberer. Wer ihm zuhört, sieht die ganze Welt. Im Rhythmus des Mondes wächst in seinem Kopf jeden Monat eine neue Geschichte, bei Vollmond kann er sie erzählen, bei Neumond hat er sie wieder vergessen. Eine Erzählreise ins Morgenland für Kinder und Erwachsene.

Grimm Brüder: *Kinder- und Hausmärchen.* Band 1 und 2. Ausgabe letzter Hand mit den Originalanmerkungen der Brüder Grimm. Mit einem Anhang sämtlicher, nicht in allen Auflagen veröffentlichter Märchen und Herkunftsnachweise, herausgegeben von Heinz Rölleke, Reclam Verlag, Stuttgart 1980. In dieser Ausgabe sind alle 200 Märchen der Brüder Grimm versammelt. Neben den bekannten Geschichten wie »Schneewittchen«, »Froschkönig«, »Dornröschen«, »Aschenputtel«, »Rumpelstilzchen«, »Rapunzel« u. a. ist der Großteil der Märchen heute unbekannt und fast vergessen. Es lohnt sich, diesen 200 Jahre alten Kulturschatz neu zu entdecken!

Die drei Bühnenerzählerinnen Gabi Altenbach, Cordula Gerndt und Katharina Ritter begannen 2008 in München einen einzigartigen *Märchenmarathon:* Sie befreien alle 200 Grimm-Geschichten aus den Buchdeckeln und lassen sie hörbar lebendig werden. www.ganzgrimm.de.

Heuck, Sigrid: *Saids Geschichte oder Der Schatz in der Wüste.* Thienemann Verlag, Stuttgart 2002.
Ein Hakayati – ein Geschichtenerzähler – reitet auf seinem Kamel durch die Wüste, schließt sich einer Karawane an und erzählt den Mitreisenden seine Geschichte. Dabei webt er Faden um Faden in einen bunten Teppich, so lange, bis dieser am Ende tatsächlich zu fliegen scheint und ihn zu seinem Schatz führt.

Inkiow, Dimiter: *Orpheus, Sisyphos & Co. Griechische Sagen.* Gabriel Verlag 2001.
Inkiow versteht es meisterhaft, klassische Sagenstoffe so aufzuschreiben, dass dem Leser jede Geschichte lebendig und bildreich vor Augen tritt. Ideal als Vorlage zum freien Nacherzählen alter Mythen.

Martin, Christopher: *Homer. Die Odyssee.* Erzählt von Christoph Martin. Eichborn Verlag 1996.
Die Odyssee ist der Prototyp aller Abenteuergeschichten der Weltliteratur. In der Neuübersetzung von Christoph Martin ist sie spannend und voller Ironie nacherzählt. Ein mitreißendes Lesevergnügen.

Moers, Walter: *Die 13½ Leben des Käpt'n Blaubär.* 11. Auflage. Goldmann Verlag, München 2002.
Ein phantasievolles Buch, in dem sich ein unerschrockener Blaubär durchs Leben kämpft und dabei u. a. die Kunst des Lügens zur Meisterschaft bringt. Eine Geschichte mit viel Humor und einem genialen ersten Satz: »Ein Leben beginnt gewöhnlich mit der Geburt – meins nicht.«

Ovid: *Metamorphosen.* Hrsg. v. Michael von Albrecht. Reclam Verlag, Ditzingen 2010.
Die Metamorphosen des römischen Dichters Ovid sind ein in Hexametern verfasstes mythologisches Werk über Verwandlungen, das um das Jahr 3 n. Chr. entstanden ist. Etwa 250 Sagen sind darin verarbeitet. Ein großartiger Erzählstoff für alle, die alte Mythen lieben.

Preußler, Otfried: *Krabat.* Thienemann Verlag, Stuttgart 1981.
Eine bewegende Geschichte, die von Ritualen bestimmt ist und dabei auf intensive Weise vom Leben, vom Tod und von der Liebe erzählt.

Rushdie, Salman: *Harun und das Meer der Geschichten.*
Knaur Verlagsanstalt 1991.
Dies ist die Geschichte eines Geschichtenerzählers, der eines Tages nicht mehr erzählen kann. Er wird stumm, weil ihm der »Erzählwasserhahn« abgedreht wurde. Sein Sohn macht sich auf den Weg zum Meer der Geschichten, um seinem Vater die Sprache zurückzubringen.

Schami, Rafik: *Erzähler der Nacht.* 8. Auflage. Beltz Verlag, 2001.
Das Thema dieses Romans ist das Erzählen selbst. Kutscher Salim, bester Geschichtenerzähler von Damaskus, verstummt eines Tages. Seine Fabulierfee hat ihn verlassen, um in den Ruhestand zu gehen. Nur sieben besondere Gaben können Salim erlösen und ihm die Sprache zurückgeben. Salims Freunde finden schließlich heraus, welche Gaben gemeint sind, und beschließen, dem stummen Kutscher zu helfen, indem sie ihm jeder eine Geschichte erzählen.

Vernant, Jean Pierre: *Götter und Menschen.* Jean Pierre Vernant erzählt griechische Geschichten von den Ursprüngen. DuMont Buchverlag, Köln 2000.
Hier kommt ein Schriftsteller zu Wort, dem man das Vergnügen am Erzählen abspürt und der versucht, die mündliche Stimme in seinen Texten hörbar werden zu lassen. »Ich wollte, dass der Leser von heute die Stimme, die sich jahrhundertelang direkt an den griechischen Zuhörer wendete und nun verstummt ist, erneut vernehmen kann.«

von Kamphoevener, Elsa Sophia: *An Nachtfeuern der Karawanserail.* Märchen und Geschichten alttürkischer Nomaden, erzählt von Elsa Sophia von Kamphoevener. Band 1–3. 9. Auflage. Rowohlt Verlag, Hamburg 2007.
Als Jüngling verkleidet erlauschte Baronin von Kamphoevener einst an den Lagerfeuern türkischer Hirten orientalische Geschichten, die aus dem ewigen Märchenvorrat der Menschheit zu stammen scheinen. Heitere und listige, erotische und melancholische Geschichten mit dem Zauber und der Weisheit orientalischer Fabulierkunst.

MIX
Papier aus verantwortungsvollen Quellen
FSC® C021956
FSC www.fsc.org

Verlagsgruppe Random House
FSC®-DEU-0100
Das für dieses Buch verwendete FSC®-zertifizierte Papier *LuxoArt Silk* liefert Sappi, Biberist, Schweiz.

Redaktion: Dr. Ulrike Kretschmer, München
Projektleitung: Birte Schrader
Gesamtproducing und Layout: JUNG MEDIENPARTNER Gesellschaft für Medienproduktion mbH, Limburg
Bildredaktion: Annette Mayer
Umschlaggestaltung und -konzeption: R.M.E. Roland Eschlbeck/Rosemarie Kreuzer/Ruth Botzenhardt unter Verwendung einer Illustration von Ruth Botzenhardt
Illustrationen: Marlene Pohle, Stuttgart

Druck und Bindung: Alcione, Trento

Printed in Italy

ISBN 978-3-517-08627-9

817 2635 4453 6271

Quellennachweis

Seite 9: Zitat aus Günter Grass, *Nobelvorlesung* © The Nobel Foundation 1999; Seite 32: Textauszug aus Joel ben Izzy, » ›Wahr?‹, fauchte er …«, aus: Ders., *Der Geschichtenerzähler oder das Geheimnis des Glücks*, übersetzt v. Maria Rosaria Di Palo, S. 13f © Verlag Herder GmbH, Freiburg i. Br., 5. Aufl. 2009; Seite 49/50/122: Zitate aus: Walter Benjamin, »Der Erzähler. Betrachtungen zum Werk Nikolai Lesskows«, in: *Illuminationen. Ausgewählte Schriften 1* © 1974 Suhrkamp Verlag, Frankfurt a. Main; Seite 55: Zitat aus Jostein Gaarder, *Der Geschichtenverkäufer* © 2002 Carl Hanser Verlag, München; Seite 93: Zitat aus Friedrich Schiller, *Über die ästhetische Erziehung des Menschen in einer Reihe von Briefen* © 2000 Reclam Verlag, Ditzingen; Seite 101: Textauszug aus »Im Schlumperwald«, in: Martin Auer, *Was niemand wissen kann* © 1986 Beltz & Gelberg in der Verlagsgruppe Beltz, Weinheim & Basel; Seite 107: Zitat aus Johann Wolfgang von Goethe, *West-östlicher Divan* © 1999 Reclam Verlag, Ditzingen; Seite 119: Zitat aus Rafik Schami, *Vom Zauber der Zunge. Reden gegen das Verstummen* © 1997 Verlag im Waldgut, München; Seite 137/139: Zitat/Textauszug aus: Michael Ende, *Momo* © 1973 Thienemann Verlag (Thienemann Verlag GmbH), Stuttgart-Wien; Seite 166: Zitat aus Ben Okri, *Birds of Heaven* © 1996 Phoenix Paperback, Orion Books, London; Seite 177: Zitat aus: Christina Baldwin, *Calling the Circle* © 1998 Bantam, New York; Seite 187: Zitat aus *Lektüre zwischen den Jahren* © 1980 Suhrkamp Verlag, Frankfurt a. Main